时间管理：
让时间去哪儿

兼顾生活与工作，时间管理的主要目标是幸福

【俄】哥蓝布·阿翰思奇（Gleb Arhangelsky）/著

林 森　许永健/译

第二版

人民出版社

俄文版出版前言

节约时间的书即是生活之书！

令人惊奇的是：倚靠着这本书所有人都收获颇丰。

首先是作者哥蓝布。他获得的不仅是财富、荣誉、知名度，更是一众心怀感激的学生与信徒。其次是本出版社。同样获得的不仅是财富，更是众多颇有成效的读者。最后，每一位读者也是收获满满。但与哥蓝布和出版社不同的是，读者朋友们有三重收获：第一，本书语言浅显、易懂，又饶有趣味，阅读时可有积极的情感体验；第二，通过自身努力，读者们可为自己赚得时间，从"小时"到"天"，再到"周"；第三，最为宝贵的"效果"，这为个人生活、事业发展等带来许多正向变化。读者朋友，您将开始兼顾生活与工作！

曾经有位读者表示，我为此书所作的前言与格鲁吉亚的祝酒辞有几分相像——篇幅恰如其分，但又妙趣横生。我明白了他的暗示，就说到这里。

来，让我们为"驾驭时间"干杯！

伊戈尔·马恩

马恩、伊万诺夫、费伯尔出版社

此书献给我的祖父格尔曼·阿翰思奇，

感谢他培养了我的传统管理学思维，

并及时馈赠我时间管理书籍《这诡异的生活》。

序　我们的时间资本

亲爱的读者：

在一去不复返的时间面前，我们每个人都是平等的。无论我们拥有多么丰盈的物质财富，时间之于我们都是不富裕的。在时间方面没有百万富翁，即使直到生命的尽头，我们可利用的时间不过也就 20 万—40 万个小时。而且，最为关键的是，时间是无法弥补的，逝去的时间不同于失去的钱财，它无法挽回。

"管理时间、兼顾四方"是现代人必不可少的技能之一。面对日渐增多、纷繁复杂的信息，越来越快的事情发展节奏，我们需要及时反应，在越来越紧张的期限内打理好一切，与此同时，还需要挤出时间来休息、娱乐、陪伴家人、朋友聚会……

在我们创建"时间管理协会"之初，"时间管理"这一话题在俄罗斯还鲜为人知。普遍认为，不拘小节、纵情恣乐的俄罗斯民族是不可能善于规划时间的。很少有人知道，早在 1926 年就已存在"时间"联盟，宣传先进的时间管理技巧；也很少有人了解本国悠久的时间管理历史。

"时间管理协会"及众多时间管理项目的参与者用切身经验证明：在俄罗斯做好时间规划是可能的，也是必要的。您可以在本书之中找到生动的现实案例。

时间管理——这不仅是每日台账，不仅是一条条计划和一个个时间段，而是一门技术，是一门让一去不复返的时间与您的目标和价值相得益彰的技术。无论您是严格遵循计划，抑或是灵活安排时间；无论您是依赖计时工具，还是依靠自律；无论您是使用 Outlook，还是记事本——这都没有实质性的区别，技术层面的东西都是次要的。最重要的是，找到自己心之所向的人生目标，并为达成它而合理分配时间，将稍纵即逝的时间都花费在您真正想做的事情上。

几年前由"彼得堡"出版社出版的本人专著《时间管理：从个人效率谈及公司发展》，截至目前已两度再版。此书是俄罗斯近 30 年来首部时间管理类非译本读物，总结了本人的研究成果及作为时间管理协会成员的相关经验。而读者们的呼声与反馈又激励着我完成了更为通俗易懂的两部著作。

第一本是"最大化规划"，介绍了丰富多彩的经典及现代时间管理工具，为"时间管理"作为管理科学的新兴学科提供了基础、划清了界限。而您现在手握的这本书是"最小化规划"，以最为简洁明了的方式呈现了个人时间管理中必备的、普适的技巧。当然，这两本书中都有现实的俄罗斯案例。

第二本书并不寻常的名字并非偶然："Тайм"在俄语中是外来词，完全保留了英语中"Time"所传达的"活力、规范、效率"之意；"Драйв(Dive)"也完美地融入俄语之中，令人联想到"管理、驱动"，抑或是"激励、鞭策"。正如俄语完美地掌握了这两个词，我们每个人也应该学会高效地、积极地、目标明确地去利用好我们的时间。让我们将"时间管理(Time-Drive)"的观念融入我们的特质，去梦想、去创造、去设定更高的目标，那样我们才不会泯然众人。

我们的时间资源并不宽裕，这并不仅限于我们每一个个体，也适用于我们整个民族。时不我待，站在21世纪的门口，我们有许多可去弥补，也有许多可去学习。不念过往，不惧将来，设立目标并努力达成它。我们不仅要学会梦想，当然，我们也非常善于梦想，更要有计划、有目的地将梦想变成现实。

亲爱的读者，希望您能与"时间"找到共同语言，并能帮助身边的亲友。届时，我们所有人面对时间都将动力十足，我们的生活也将光彩夺目、熠熠生辉！

亲爱的读者，我们都是独一无二的个体，有着不同的境况，因此您在推行时间管理技巧方面的实际经验都是无价之宝。

本人将非常乐意倾听您的反馈：

——案例，您进行时间管理的实际体会；

——对本书内容的评价以及改善建议；

——新章节的选题建议。

您可以联系邮箱 info@tminvest.ru。

请记住我们的口号，同时也是我们网络项目的名

称——一切都有进步的空间！时间和效率常伴左右！

衷心祝愿您能完美兼顾生活和工作！

哥蓝布·阿翰思奇

目　录

建构个人时间管理体系的步骤概览

亲爱的读者，您面前的是本书章节概览。每章标题即是建构个人时间管理体系的逻辑步骤，每个章节最后均有对相应步骤的总结。

章　节	步　骤
1. 休息	花费最少的"初始时间投资"，在工作日和非工作日安排合理休息。
2. 动机	掌握调整状态完成复杂、令人不悦的工作的方法，以缩减花费在此的时间。
3. 目标	明确您个人的价值取向，为实现梦想设定长远目标。
4. 工作日	利用"硬性"任务与"灵活"任务的分类做好日程安排，以便能够制订实际可行的计划，完成最主要的任务。
5. 计划	遵循"日—周"原则进行具体的中期计划，确保能如期完成任务。
6. 优先级	学会抛开多余的、强加于您的工作，用明晰的评价标准筛选关键任务，如此，您便能为主要任务找出时间。
7. 信息	采用过滤、保存、转移信息的技术方法，让信息处于您的管理之下，避免过分琐碎。
8. 时间海绵	使用方法找出"时间海绵"，让身边的储备时间资源发挥作用。
9. 时间管理病毒	把"时间管理病毒"传染给其他人，让他们更加理智地利用自己和他人的时间。
10. 时间管理宣言	根据个人的价值目标与优先倾向，理性合理地使用一去不复返的时间。

1. 休息：怎样避免过劳

> 周五的时候最想一醉方休，
>
> 周一的时候最想回到周五。
>
> ——俄罗斯笑话大全（网站）

关于管理时间的话题，我们将从不寻常的一点开始——怎样安排休息。

亲爱的读者，您是否深有体会：有时您在工作时感到疲惫不堪，甚至对自己喜欢的事业失去了兴趣？如果是，那么您在这个问题上并不是孤立无援的，这是我们时代普遍存在的问题，甚至出现了一个源自日语的专有词汇——"过劳死"。

在个人的时间管理中，重要的不只是时间的长短，高质量地利用时间也同样重要。因此，值得深思熟虑：如何安排休息时间？怎样恢复精力？

工作日的休息节奏

请回忆一下：昨天的工作日，您是如何分配时间、安排休息的呢？

很有可能，您的休息并无规划，洒脱随性。或是花几分钟参与网上有趣的辩论，和好友在电话里闲聊两句；或是出去抽根烟，闭目养神做一做白日梦，喝杯咖啡。

这种随性的休息有很多坏处。首先，它是无节奏的，但人却有生物节律。因此，我们建议在工作日需要遵守的首要原则便是节奏性。简而言之，就是在严格划定的时间间隔内进行有计划的短暂休息。

通常，最佳方法是每隔 1 个小时休息 5 分钟，或是每隔 1.5 个小时休息 10 分钟。不间断地舒适工作 1 个至 1.5 个小时是最为舒适的。也许您还记得，在学校里，一堂课是 45 分钟，一堂"大课"是 1.5 个小时。

不管工作日有多繁忙，不管办公室里的同事如何埋头苦干，您都需要每小时抽出 5 分钟的时间。请用这 5 分钟的时间来投资休息，否则，您的工作是不会有效率的。

在普里托尼特（MC-Bauchemie-Russia）的公司小组里，每天晚上都会研讨时间管理。在一次讨论会上，参与者进行了以下的对话：

"很奇怪，英语课也是每天晚上的这个时候，但不知道为什么在英语课上我要累得多。"

"当然如此，在时间管理讨论会上，我们中间必须休息 15 分钟。而英语课我们连上 4 个小时，不休息。"

休息场景的"最大转换"

白天的休息节奏是每小时 5 分钟。但在工作日，到底

该如何休息呢？用这 5 分钟去哪里，来干什么呢？以下的典型场景我们是再熟悉不过的了，例如：

——给好友打个电话；

——出去抽根烟；

——在网上浏览趣闻；

——浇浇花；

——喝杯茶。

如果用 1—5 分来评估一下这些休息场景的"转换"程度，那么：

1 分：留在工位上，保持原来的坐势，盯着同样的电脑，做同样的脑力活动，即在网上读一些与工作无关的内容。

2 分：留在工位上，视线离开电脑，和同事聊一聊与工作无关的话题。

3 分：移步至吸烟室，讨论工作上的或是和工作无关的问题，或与同事喝喝茶。此时，场所的切换便可能转移了令人焦虑的问题。

4 分：走出办公室来到室外，欣赏一下蔚蓝的天空和郁郁葱葱的树木，彻底地离开办公氛围。

5 分：来到室外，做一些简单的伸展运动，放松一下屏幕前疲劳的双眼，彻底地忘记所有的工作问题。

5 分钟内，如果休息场景的"转换"程度越大，您就休息得越好，精力恢复得也就越充沛。休息时，务必要离开工位，做一下"间息操"。如果无法到室外，那就沿着走廊走走。如果您是和很多人一起办公，那么就一个人待一会儿。如果您是分析数据的，那么就给好友打个电话，聊一聊令人心情愉快的话题。建议您也做一些简单的运动：弯弯腰，蹲一蹲……这都能助您迅速恢复精力、投入工作。

苏联著名诗人弗拉迪米尔·马雅可夫斯基熟知劳动生产的科学方法，他仅用简短的口号就表达了休息场景转换最大化的原则：

"同志们，记住一条简单的规则：

坐着工作——

站着休息！"

激发懒惰中的创造性

005

谈到休息的时候，也就不能不谈到懒惰这一话题。懒惰并不总是消极的。它也是我们机体正常的保护反应，究其原因，可能有：

——过度劳累，机能透支，体力、精力、情感的过度消耗；

——我们"所能做的"与我们"所想做的"之间的矛盾，即浪费时间做着我们不情愿、不喜欢的事；

——感觉此刻完成的任务是无用的，没有意义的。

当然，也可能有第四个原因，您的潜意识在给自己信号："等一等，别忙活了，抛弃琐碎的胡思乱想，给心之所向的新鲜事物留一点空间。"通常也正是在此时此刻会灵光乍现，诞生奇思妙想。

激发懒惰中的创造性并非难事：

——如果已经懒惰闲散下来，那么就做得彻底，不要在此刻再尝试做其他的事，不要试着去思考、解决问题等。彻底的懒惰即是对存在及宇宙和谐的纯粹感悟。

——有意识地作出决定："既然我想懒散，那我就懒散吧。"不要有动摇，也无须感觉愧疚。

——在激发懒惰中的创造性之前，需要对重要问题做到心中有数，但在懒散放松的时候就不要再纠结于这些问题！

遵循这些方法，懒惰便会激发出创造性，便会成为奇思妙想的源泉。这也是修养身心和恢复精力的好办法。最重要的是，张弛有度，万万不可将激发创造性的懒惰和普通的懒惰混为一谈。

高效的睡眠

"经常睡不饱！"——时间管理讨论会的参与者常常会

这样抱怨。睡眠是休息以及恢复精力最重要的方式，但我们是否总是能合理地安排它呢？事实上，无须增加睡眠时间就可以极大地提高睡眠质量。

规律的作息时间能从根本上提高睡眠效率。您的机体会慢慢习惯于固定的时间，入睡和起床将变得更轻松。最好给房间通通风，入睡前的几个小时不再进食，找到适合自己的最佳入睡方式，比如，在睡前半个小时至一个小时内安静地阅读、散步、听音乐、轻度运动等。其实，无论做什么，最主要的是让您的大脑从白天的操劳中解放出来，使其放慢节奏。

我们的睡眠是由数个"深睡眠"和"浅睡眠"的交替循环组成的。一个交替循环的长度因人而异，大概在 1 至 2 个小时之间。睡眠的总长度最好是一个交替循环时间的整倍数。比如说，您的一个交替循环时间是 1.5 个小时，那么您睡 7.5 个小时就比睡 8 个小时更好。当睡眠长度与循环时间成整倍数关系时，人醒来时就会感到头脑清醒，精力充沛。所以请您留意并试着调节睡眠节奏，您很快就能找到自己的最佳睡眠长度。

瓦西里耶夫斯基元帅①曾分享他调节睡眠节

---

① 译者注：瓦西里耶夫斯基是第二次世界大战时期苏联军队最高军事统帅之一。

奏的经验："……在紧张焦灼的日子里，斯大林多次嘱咐总参谋部的同志们，一定要给自己和下属预留每昼夜至少 5 至 6 个小时的休息时间，否则，工作将毫无成效。在十月围困莫斯科的战斗中，斯大林亲自安排我在早上 4 点到 10 点之间休息，并检查，看我是否遵守了他的要求。如果没有的话，便免不了一场紧张、严肃的谈话了。面对紧张繁重的工作，同志们常常不会安排自己的时间，企图一下完成很多任务，甚至常常忘记睡觉，这自然会影响到他们的工作能力以及手头的工作。"

"有时，早晨 4 点左右我才从斯大林那里回来，为了完成最高统帅部的决定，必须要给执行者或者前线下达必要的指示。而为了完成这些任务，需要的时间远远超过 4 个小时，所以必须要一些小聪明。我会让副官阿·伊·格林年科老中尉留在书桌旁接听克里姆林宫打来的电话。如果是斯大林的电话，他就得说在十点之前我都在休息，接着就会听见斯大林夸赞道：'很好'。"①

睡眠的过程很重要，醒来的过程也同样重要。建议您

---

① 亚历山大·米哈伊洛维奇·瓦西里耶夫斯基：《我生活的事情》第一卷，伯利兹达特出版社 1988 年版。（Aleksandr Mikhaylovich Vasilevsky, *The Matter of My Life*, Vol.1, Moscow: Politizdat,1988.）

在闹钟或者手机里设置几支不同的闹铃声，并用它们帮助自己慢慢醒来。比如，如果需要在 8 点起床，不妨就在 7 点 30 分设置一个舒缓、惬意的闹铃，您听着它醒来，但令人欣喜的是，此时您还不需要起床，于是又可以睡过去；在 7 点 45 分的时候，设定一个颇有活力的闹铃，可以是有歌词的，大脑对它的反应比对没有歌词的旋律更活跃；在 8 点的时候，设定一个最欢快、最有活力的闹铃，您能听着它彻底醒来，然后起床，愉快地迎接新的一天。

工作日的小憩

亲爱的读者，您是否有过这样的情况：午饭后，正要集中精力完成重要任务时，却不由自主地想打瞌睡？那么，在工作中想睡觉时该怎么办呢？

请看如下所示的人体昼夜平均生物节律图：

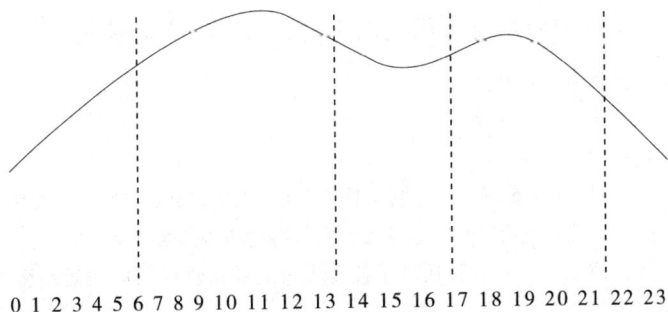

0 1 2 3 4 5 6 7 8 9 10 11 12 13 14 15 16 17 18 19 20 21 22 23

总的来说，我们的工作能力和积极性在一天内会有两度衰落和上涨的过程。对于"云雀型"（白天型）的人来说，第一次峰值更高；对于"猫头鹰型"（"夜猫子"型）的人来说，第二次临近夜晚的峰值更高。不难发现，其中一次衰落就正好发生在午饭后的时段。

解决问题最简单的方法就是睡午觉，以此应对午餐后生物节律的衰退。拉丁美洲的居民有午睡的习惯，在那里，人们在炎热的午后一定会午睡。英国首相丘吉尔虽然生活方式不健康，十分操劳，但也活到了九十岁。他的助手只有在发生战争的情况下才能打断他的午睡。午睡也是彼得大帝① 时代之前俄国大贵族杜马② 的基本规范之一。

新西伯利亚通信公司（Sibirtelekom）集体研论会的参与者贡献了一个团体组织安排午休的例子："在中国深圳，我们参观了一个生产通信设备的工厂。我们在测试设备的桌子上看到了一些很奇怪的装置。原来这是镶入桌子的折叠床。工人们的午餐时间是两小时，其中一小时被规定为午休时间。"

---

① 译者注：彼得大帝是俄罗斯罗曼诺夫王朝的第五位沙皇、俄罗斯帝国首位皇帝。统治期间进行西化改革，使俄罗斯成为欧洲大国之一。

② 译者注：大贵族杜马是彼得大帝之前由贵族组成的最高咨议机构。

如果您没有自己的办公室，没有方便的皮沙发，也无法保证足够的午休，又该怎么办呢？

当然，可以有其他的选择。最简单的就是：如果您有车，就在车里小憩一下。不要吝惜这二三十分钟的时间，午休后的高效工作是完全可以补偿它的。您也可以在工位上或者其他诸如会议厅、角落里的椅子上等地方打个盹儿。为了防止外界的干扰，不妨戴个耳机、听听喜欢的音乐。

小憩的时长由您自行把握，通常，最佳长度为 10 分钟至 15 分钟。有一位厂长常设定一个 15 分钟的闹钟，直接就在自己的办公椅上午睡。他解释道："过长的睡眠会影响工作，而 15 分钟的时间正好，大脑既能焕然一新，又不至于进入深睡眠而昏沉。"

明斯克软件公司尼里迪斯（Nilitis）总经理、时间管理协会的成员，谢尔盖·科兹洛夫斯基讲述道："1997 年，我在事业上平步青云，成为几家不大但发展迅速的小公司的董事会主席，十分操劳。只有把一天 24 个小时分成几个部分，每次睡上一会儿，才可能胜任这些工作。

我学会了在办公桌上埋头睡觉。当时还没有独立办公室，我的房间里还有 3 到 14 个人在上班。但如果用浸湿的纸团塞住耳朵，就不

会被打扰到。睡上 20 分钟，又能继续工作了。有一次老板从海外给我打来电话，问道：'你在工作时间睡觉吗？'我回答说：'是的。'但我们都心知肚明，这并不是因为过得太悠闲了。他劝道：'不必这样，找个其他方法来放松：喝咖啡、散步……'喝咖啡、散步并不适合我，没有效果。于是我就在公司旁边租了间屋子，开始'合法'地午休。当然，这也并不贵。"

把握当下

在继续"休息"这一话题时，必须谈到人与时间相互关系中的一个重要方面——纯粹地"活在当下"。有一则禅宗寓言：徒弟到师父那里去，把伞和鞋子放在了门口。师父问他把伞放在了鞋子的左边还是右边。徒弟想不起来，十分羞愧，因为一时大意，失去了当下的瞬间。

20 世纪末，时间管理专家斯蒂芬·列赫特沙芬（Stephan Rechtschaffen）指出，生活在工业发达国家中的大多数人整日奔忙和时间赛跑，这种情况是相当危险的。需要提醒您：在开始时间管理的初期，可能会出现某种时间"焦躁综合征"。不过无须担心，这很快就会过去的。而当您管理时间时，慢慢会发现，它是受您支配的资源——您可以很轻松自在地安排它、处置它：或是恣意放松，或是在慵懒中天马行空，或是洞察宇宙的和谐，或是投入其他有价值的事业，不考虑是否有物质回报。在规划时间的时候，需要记住，"高质量地利用时间"与"休息时间的长短"同样重要。"计划"与"把握当下"不应该互相矛盾——相反，它们应该互相促进。

我特别喜欢欣赏夕阳。在工作的时候，只要有可能（而在假期是一定），就会抽出时间来欣赏日落美景。不管您怎么想，这个过程也是需要规划的。因为我知道，我最喜欢的夕阳，在这个季节，在这个地方，大概在晚上9点15分开始，持续25—30分钟的时间。

这种规划是否会影响欣赏的纯粹，是否会受心烦意乱的搅扰？绝对不会！相反，正是多亏了规划，我才能在繁杂的事务中抽出足够的时间来欣赏落日。更重要的是在欣赏的时候，我会摒除所有不相关的杂念和顾虑，因为我知道，其他的任务和问题都在掌控之下。

古时修行的先辈们为我们留下了极为丰富的自我完善之法，其中有对修道生活的描述："关注当下的自己，忘却逝去的记忆"。这是净化灵魂、追求崇高境界的基本原则。

在时间管理中也可以找到和这两条原则相似的东西。"忘却逝去的记忆"就是对生命及时间的有限性的认知，这要求我们不可以把宝贵的时间浪费在琐碎的事上。"关注当下的自己"则是对生命的认识与思考，要求我们不停地观察、反思自己的活动。这些原则有助于消除当下的紧迫感，使得生活免于枯燥的循环，变得丰富多彩、五彩缤纷。

硅晶信息技术公司（Silicon Information Technologies）董事会主席谢尔盖·卡列洛夫，在2003年第一届时间管理大会上援引里克·费尔茨（Rick Fields）的话时，说道：

"值得有意识地去关注我们所忙碌的东西——做饭、打扫、谈情说爱，这些活动将逐渐改造我们的心智活动并成为其中的一部分。之后的某一天，我们会突然察觉从前未曾留意的细节，于是对于每一天的感受也就鲜活了起来，每天都有它不一样的精彩。"

建构个人时间管理体系的第一步

花费最少的"初始时间投资"，在工作日和非工作日安排合理休息。

总结：

——使每日休息有节奏。

——保证休息场景转换最大化。

——激发懒惰中的创造性。

——提高睡眠的效率。

——在工作日合理小憩。

——把握当下。

2. 动机：怎样胜任 不愉快的工作

有意者找方法，无意者找借口。

——民间谚语

无论我们有多么喜爱自己的工作，总有一些任务是颇有难度，甚至是令人不悦的。怎样才能激励自己去完成这样的任务？怎样才能花费最少的精力调整状态处理复杂任务？

这一问题在俄罗斯是十分迫切的。我们是在童话里成长起来的一代，渴望的结果仿佛是自然而然的，但成功往往不是一蹴而就，需要漫长而执着的努力。

然而，漫长而执着的努力并不一定就是无聊乏味的，即便是复杂的、令人不悦的、让人精疲力竭的工作，也可以在其中发掘出额外的趣旨和动力。如何做到呢？敬请阅读本章内容。

有效进入工作状态的 "锚"

怎样才能快速进入工作状态，着手最主要的任务，不拖沓、不在琐事上纠结？

在心理学中有一个绝佳的概念——"锚"，指的是与某种特定情感状态相关联的物质联系（如音乐、颜色、词语、动作、仪式）。在需要进入完成任务的状态时，我们就可以抛出所需要的"锚"，从而调整至相应的情感状态。

实践中最常用的"锚"是音乐。不妨尝试着将不同的音乐和不同类型的工作联系在一起，比如：要进行一场艰巨的谈判，那么在去的路上就听重摇滚；要做脑力工作，就听没有歌词的轻音乐；休息的时候，就可以听自己最喜欢的、令人愉悦的音乐……

研讨会上参与者们分享使用"锚"的案例：

基辅，一位连锁加油站站长："我一般都是听着乔·达森（Joe Dassin）的音乐来做复杂的脑力工作。"大家都很惊讶，因为这类抒情音乐完全不适合这个硬汉般的生意人。他解释道："在大学时代，在宿舍里，我各项工作做得极为出色。那时年轻气盛、精力充沛，同时攻读两个学位，还有其他工作……而整个宿舍只有四盘磁带，全是乔·达森的。所以这个音乐就是我的'锚'，能让我仿佛回到年轻的时候，开启能量源泉。"

新西伯利亚，某商务经理："每天早上抽烟的时候，制定日程计划。而我戒烟之后，每天早上就没有心情工作了，以前早上抽支烟就能做好的事情，无法完成了。取而代之，我养成了一个习惯——花十分钟的时间喝咖啡，看着日程表思考一天的安排。这样一来，我便有了原来的感

019

觉，就像以前早上抽烟一样。"

下诺夫哥罗德，某财务经理："我不喜欢打扫卫生，常常要强迫自己去做。因此，在准备打扫的时候，我总会放上电影《命运的捉弄》。"[①]大家问为什么会选这部电影，他回答道："为什么，因为最乐意打扫的时候就是在新年前。屋子里装饰着圣诞树、橘子、礼物[②]……而这时一般电视里都放着《命运的捉弄》。"

任何一个技术性的预备工作都可以成为进入工作状态的"锚"。画家常说："在画草图前先要削好铅笔"。也就是说，利用简单的技术性预备工作进入复杂工作的状态。

这是尼古拉·果戈理[③]使用"锚"的例子。他的朋友弗拉迪米尔·索罗古布[④]抱怨没心情写作，他回答道："您还是写吧……拿一支好的羽毛笔，好好地把它削尖，在身前放张纸，这样开

---

①　译者注：拍摄于1975年的颇受欢迎的苏联喜剧片，常常会在新年前夜播放。

②　译者注：苏联时期圣诞节被新年替代，但很多传统习俗仍保留下来，比如装饰圣诞树、送礼物、吃橘子等。

③　译者注：尼古拉·果戈理（1809—1852），著名俄罗斯作家，代表作有《死魂灵》和《外套》。

④　译者注：弗拉迪米尔·索罗古布（1813—1882），俄罗斯作家，创作有短篇小说、随笔、回忆录。

始：'今天我不知道为什么没心情写东西。'连着一直像这样写，您马上就能接二连三地想到好点子！弗拉迪米尔，所有人都是这样写东西的，因为一直都能文思泉涌的人很少！"

值得注意的是，如果您已经找到了适合自己的"锚"，那最好不要乱用它，不要在其他情况下开启它。比如，咖啡对您来说是进入工作状态的"锚"，在休息时，如果您突然喝了一杯咖啡，那么这就是在潜意识给自己下达信号："现在有工作！"于是乎，休息就没那么有效了。很多经理直接地感受到了这一点，所以作出了区分，比如：在工作的时候只喝咖啡，在休息的时候只喝茶。我有一个客户，在工作时只喝红茶，在休息时只喝绿茶。同样地，如果一首音乐对您来说是进入工作状态的"锚"，那么在休息的时候就不要听。

"锚"不仅有助于进入工作状态，也有助于休息。举一个我自己的"音乐之锚"的例子。休假时，我会亲近自然，边散步边听同样的音乐——巴赫的基恩贝格尔赞美诗（Kirnberger Chorales）。在工作时间，只要我一闭上双眼，播放其中一首，我就能回忆起被阳光熏得暖暖的松树林的味道，想象到金色的树干和绿色的树冠，感受到自己悠闲的脚步、从容不迫的心态……"音乐之锚"开启了所有回忆与情感，它们与最美好的闲暇时光紧密相关，帮助我恢

复精力去迎接新任务。

进入处理复杂任务的状态

"锚"能帮助我们从休息状态轻松地调整到工作状态。如果工作相当复杂、耗费精力，那么又该怎样进入工作状态呢？往往我们完成的任务越复杂，所需要的投入程度就越高。

此时，"瑞士奶酪法"就能节省进入状态的时间和精力。不妨尝试不按逻辑顺序完成任务，而是用一种随意的方式，从不同的地方"啃"下一些小块——最简单的、令人愉快的部分。比如，在准备总结报表的时候，可以先选择插图，写几段对您来说最明白清楚的东西之类的。过一段时间之后，您的"奶酪"上就会形成很多小洞，这时要"啃完"它也就完全不费劲了。

在新西伯利亚一次公开培训上，一位参与者在回答"我最近几天要做的最简单的三步"时写道："明天我会把博士论文的扉页写完。"这就是一个很好的例子：怎样在庞大、复杂的工作中找到一个简单的开始。

另外，还有一个方法可以让复杂的工作占用更少的精力——给自己小奖励。我们可以将工作分解成几个阶段，在完成每个阶段后给自己一个小奖励。比如，每写两页就吃一块巧克力，读一个 anekdot.net 网站上的笑话。这些奖励可以是很小的，但重要的是，它们需要立刻执行。通常，为每个阶段设置小奖品比设想将来长期的结果来得更为有效。这些小奖励能让最困难的工作变得愉快，督促我们在更短的时间内完成它。

消灭不愉快的小任务

我们在生活中常会遇到一些小事，虽然花费时间不多，但却令人不悦，比如：给不友好的客户打电话，叫水管工，让老板涨工资……在时间管理中，这类任务被称为"青蛙"。

人们常常会拖延完成"青蛙"类的任务，以致它们后来变成更大的不愉快。而届时也会更加麻烦：原来仅需五分钟的任务，拖延了几周之后就成了需要数个小时才能解决的问题。

西班牙人有一句俗话："每天早上吃一只青蛙。"的确，如果以吃一只"青蛙"开始一天，那么您整天都会身心愉悦、精力饱满。其他的"青蛙"也不用去想，可以在接下来的日子再去解决。相反，如果早上不吃"青蛙"，那么它整天都会缠着您，让您一天都不快活。时间管理学校的一个学员写道："我原以为我有一群'青蛙'，就像一片绿色的地毯围在身边……当我开始实行'每天一只青蛙'的规则时，所有'青蛙'在两周之内就被消灭了。"

如果将一件繁重、不悦的工作分解成很多小的"青蛙"，那么就容易解决了。时间管理协会的一个成员给我们讲道："我需要解决一个关于纳税的烦人问题。问题并不紧急，可以缓一缓，但如果这样的话，情况就会变得相当糟糕。所以我将问题分为更小的问题，但这也不是随意地分解，而是拆解为最细、最简单、最容易完成的步骤。做法大致如此：（1）买一个信封；（2）在指南里面找到税务局的地址；（3）写好信封……这样下来，大概会有一百五十个要点。接下来制定一个规则：每天早上划掉任意五个步骤。如此一来，拖沓数个月的问题很快就得到解决了。"

大型任务的分散化

如果一个大任务的完成期限越宽松，那么，通常来说，就越难以强迫自己去完成这项任务，尤其是特别大型的任务。这类大型任务在时间管理的术语中被称为"大象"。

例如：

——撰写论文

——制订区域发展计划

——装修房屋

——学习外语

——改善体型

处理"大象"类任务的主要问题在于：俄罗斯人倾向于夸大任务。

"夸大任务从而搞砸它——这几乎是俄罗斯人下意识的第一反应，已经成为习惯、礼仪、文化。

我的领导曾教会了我这一技术。当时，我们忙于在化工生产中推动计算机管理。我在处理氨气时发现，过程很危险，计算机用处不大。于是，我决定暂缓推动，在大会上提出了异议，但是没有人理解我，认为是年轻人的鲁莽。

我还记得，我领导在一旁给我上了一课："你是对的，但是做法不对。你应该说的是：'对，同志们，这棒极了！计算机展现出了广阔的前景，不仅可用于管理，还能用来优化、信息化、操控……让我们现在就来着手准备这一宏大的计划……'如果你这样夸大任务，这事儿自然而然地也就走向了……"①

解决夸大任务、"吃掉"大象的唯一方法就是把它切成可控制的"肉排"，每天"吃"一块。不过，重要的是要保证您切的每一块都能让您更接近目标：吃掉整头"大象"。

拿学习英语举例，这里有很多不同的"肉排"：一周学习一定量的单词，用这门语言看一些电影，和母语人士在论坛上交谈。但不要把"学语法"作为其中一个步骤，因为学语法无穷无尽，但无法提高语言技能。

再举一个学车的例子，有效的"肉排"可以包括："记住 × 条规则"，"驾驶 × 公里"。但是，把"学习交通规则"定为规则并不能使您离最终目标更近，因为如果想通过理论考试，只需要做完练习册上所有的题目就行了。而在上路的时候不需要一下回忆起所有的交通规则，只需要记住三四个关键原则和标识就行了，比如说：右侧先行。

个人的奖励与惩罚

只将不愉快的工作分组，切分为"肉排"是不够的，最好是能够给自己设立一个动机，以便能有节奏地、有规律

---

① 尤里·卢日科夫：《俄罗斯的帕金森定律》，见 luzhkov.ru。

地吃掉这些"肉排"。

第一，也是最简单、最为大家所熟知的办法——"给一颗枣打一棒"。这里有几个例子。

俄罗斯户外新闻公司（News Outdoor Russia）团体训练的一个参与者说："我的训练强度非常大：游泳、健身……如果我能完成计划，那在月末我就允许自己花一定数额的钱去购物。如果没有完成，那我就只允许自己用少得多的钱去购物。这既是'棒'也是'枣'。"

在西伯利亚通信公司（Sibirtelecom）的团体讨论会上，两个成员约定一起购买奖品，并进行时间记录。他们选了一个裁判，由他评定谁的时间记录工作做得更仔细，获胜的人就会获得奖品。

另外，还有更复杂的方法——用数据测算您获得的成果。比如，每天记录学会的英语单词、做俯卧撑的数量等。

您不仅可以测算获得的成果，也可以测算花在"大象"类任务上的时间。无论如何，当您在测算成果或者时间时，一定要在图表上每天记录数量指标。

人的构建特点就是这样，确定数量指标这一行为本身就已经能促使人向着需要的方向行动。您开始清点花在不愉快任务上的时间，那么这个任务自然而然就能得到更快的解决。

花在"大象"类任务上的时间

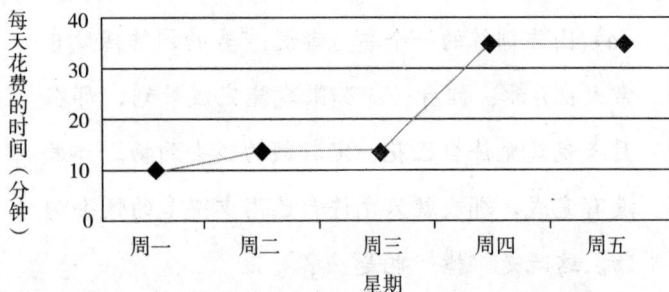

最后，有时把自己"置于死地"也是不错的。中国古代的将领有一个说法："破釜沉舟"。例如，法国总统夏尔·戴高乐曾来到接待室并公开宣布："从今天开始，我，戴高乐将军，不再抽烟。"这样公开保证的行为就是"破釜沉舟"。极度缺乏时间的情况就可以视作"死地"。不同心理类型的人都可以直观地感觉到，在时间紧迫时他们工作起来更有效率，因而有意地使自己陷入这种境地。这也并无坏处，但是为了降低风险并提高结果的质量，建议您不要将自己置于极为紧张的情况，稍微宽松一点的情形或许会更好。比如说，可以把与总经理的项目会谈作为一种"死地"，但不要拿给客户按期供货这件事来冒险。

在 2003 年第一次时间管理研讨会上，乔治咨询公司（George Consulting）的主要合伙人尼古拉·巴甫连科在自己的报告中讲道："我们公司通常有两种最后期限。第一种是'死线'（deadline），是给客户供货的期限。第二种是'红线'（redline），是在公司内部交货的期限。在'红线'与'死线'之间一定要有储备时间。破坏'红线'会被罚款。这样，我们既激励了员工，又不会拿对客户的责任来冒险。"

每日任务表格

您可以绘制一个每日任务表格，这样能将您所有的"大象"类和"青蛙"类任务聚集到一起，激励自己完成需要的工作。表格可以参考示例：

我的"肉排"和"青蛙"	周一	周二	周三	周四	周五	周六	周日	……
吃掉任意一只和工作相关的"青蛙"	v	v	—	v	v	—	v	
学习英语：								
——学 3 个生词（每天）	v	v		v	v	v		
——看电影（每 3 天 1 次）			v					
——在线交流 15 到 30 分钟（每天）	—	v	v	v	v	v		

续表

我的"肉排"和"青蛙"	周一	周二	周三	周四	周五	周六	周日	……
——读3页文学作品（每天）	v	v	—	v	v	v	—	
运动健身：								
——做举重练习（每2天1次）	v		v		v		—	
——做伸展体操（每天）	v	v	—	v	v	v	v	
——游泳（每天）	v	v	v	v	v		v	

　　表格左侧是您每天的"肉排"和"青蛙"，表格右侧则是每天记录这些任务是否完成。如果有的工作不用在今天完成，那就留出空位。如果任务应该在今天完成而又没有完成，那么就在表格上画线"—"；如果完成了，就打上钩"v"。

　　表示"未完成任务"的横线本身并不那么可怕，但如果在某一栏的横线过多，那这就是警告，提醒您该完成任务了。

　　这个表格务必放在办公桌显眼的位置，或者贴在您的日程表上，需要让它在一天之中多次被注意到。例如，我的每日任务表格就挂在我的衣柜门的内侧。这样，我每天至少两次能看到表格——早上穿衣和晚上脱衣的时候。

　　在这个表格的旁边可以写上一些奖励。例如，列出让您愉快的，但并不急迫的购物项目，并和自己约定：如果接下来在任意一栏里多出15个"v"，就给自己买下心仪的东西。之后，您会惊讶地发现，长期任务取得了飞速进展。

在维姆-比尔-丹公司（Wimm-Bill-Dann）的后期训练中，一位参与者讲道："我给儿子建立了一个每日任务表格。他非常喜欢，现在他晚上看见我时，特别高兴，说：'我今天不仅玩儿了，看了电视，还做了所有的家庭作业！'"

"踢"日历

时间管理协会的成员德米特里·利特瓦克发明了一种非常简单的自我激励方法，称之为"踢"日历。日历外观如下：

←			2011 2012 2013 2014 2015 2016 2017 2018 2019 2020 2021
1 2 3 4 5 6 7 8 9 10 11 12 13 14 15 16 17 18 19 20 21 22 23 24 25 26 27 28 29 30 31			一月
1 2 3 4 5 6 7 8 9 10 11 12 13 14 15 16 17 18 19 20 21 22 23 24 25 26 27 28			二月
1 2 3 4 5 6 7 8 9 10 11 12 13 14 15 16 17 18 19 20 21 22 23 24 25 26 27 28 29 30 31			三月
1 2 3 4 5 6 7 8 9 10 11 12 13 14 15 16 17 18 19 20 21 22 23 24 25 26 27 28 29 30			四月
1 2 3 4 5 6 7 8 9 10 11 12 13 14 15 16 17 18 19 20 21 22 23 24 25 26 27 28 29 30 31			五月
1 2 3 4 5 6 7 8 9 10 11 12 13 14 15 16 17 18 19 20 21 22 23 24 25 26 27 28 29 30			六月
1 2 3 4 5 6 7 8 9 10 11 12 13 14 15 16 17 18 19 20 21 22 23 24 25 26 27 28 29 30 31			七月
1 2 3 4 5 6 7 8 9 10 11 12 13 14 15 16 17 18 19 20 21 22 23 24 25 26 27 28 29 30 31			八月
1 2 3 4 5 6 7 8 9 10 11 12 13 14 15 16 17 18 19 20 21 22 23 24 25 26 27 28 29 30			九月
1 2 3 4 5 6 7 8 9 10 11 12 13 14 15 16 17 18 19 20 21 22 23 24 25 26 27 28 29 30 31			十月
1 2 3 4 5 6 7 8 9 10 11 12 13 14 15 16 17 18 19 20 21 22 23 24 25 26 27 28 29 30			十一月
1 2 3 4 5 6 7 8 9 10 11 12 13 14 15 16 17 18 19 20 21 22 23 24 25 26 27 28 29 30 31			十二月
2022 2023 2024 2025 2026 2027 2028 2029 2030			→

日历上方是过去的年份，下面是将来的年份。拿上铅笔，有意识地一个接一个地划去已过去的年份，甚至可以带着抒情的回忆。然后，以同样的方法划去今年过去的日子、月份。"踢"日历就做好了。

每天早上，在开始工作前划去今天的一半，晚上再划去另一半。把需要"踢"的日历放在显眼的位置，要经常留意它。如此，您就将时间物化了，每天都能感觉到时间是如何流逝的。请相信，效果是显著的。用上 15 分钟的时间绘制一个需要"踢"的日历，然后每天早上 30 秒、晚上30 秒来划掉日子——这就是全部的时间投入。

建立个人时间管理体系的第二步

掌握调整状态完成复杂、令人不悦的工作的方法，以缩减花费在此的时间。

总结：

——使用"锚"进入完成不同工作和休息的状态。

——运用"瑞士奶酪"使头脑进入应有的状态。

——每天至少吃掉一只"青蛙"。

——把"大象"分成能让您接近目标的"肉排"。

——给自己以奖励。

——绘制带有奖励项目的每日任务表格。

——尝试建立"踢"日历。

3. 目标：怎样使梦想靠近现实

——神父，请问我的这个生活方式对吗？

——孩子，没问题，但是徒劳。

没有任何一个民族，像我们俄罗斯人一样会做梦。造物主赋予了我们广阔无垠的想象力，当然，我们也回馈了世界无数伟大的艺术珍宝和闪光的思想。

然而，把梦想变为现实却令我们为难。还记得《金牛犊》中的主人公瓦西苏阿里·罗汉金，他整天躺在沙发上却幻想着在俄罗斯革命中叱咤风云。梦想总是轻而易举又令人愉悦的，但每天为实现梦想迈出实际的步子却要难得多。

我们已经学会了怎样在局部的、日常任务层面上管理精力和动机。现在需要思考的是：什么东西在全局上给予我们动力？那就是我们的梦想和愿望。要实现这些梦想，首先必须要把它们变成目标。但遗憾的是，没有人教我们如何设定目标、实现目标，学校里也从来没有这一类课程，我们只能靠自己来掌握这项技能。

像管理公司一样管理自己

对于我们这一辈的人来说，"为自己设定目标"这一想法是不明晰的。后苏联时代的许多人无法掌握自己的生活，只是随波逐流。去上国际学校，是因为父母送过去的；去学法律，只是因为有合适的门路；选择工作只图方便；随便找个人就草草结婚……诸如此类的情况是很可悲的。

斯蒂芬·柯维（Stephen Covey），美国著名的时间管理专家，他对反应型和积极预见型的生活态度进行了区分。持有反应型生活态度的人被外部条件所支配，他们的生活得过且过，没有主动性。持有积极预见型生活态度的人会根据自己的愿望来构建自己的生活，积极地影响着周边事件和环境。这一积极预见型的生活态度正是我们所匮乏的，生活在一个关心所有人和事的国家 70 余年，早已让我们忘记了如何关心自己的生活。

查克·诺里斯，著名的运动员、演员："……他就是那种典型的从不尝试把握自己生活的人。可悲的是，他简直随波逐流，自己栽跟头，还总是为自己的过失开脱，拒不负责。

许多人也像他一样，仿佛只是生活的过客，日子混一天算一天。他们并不是没有梦想和愿望，也想取得显著的成绩；但这些梦想总是伴随着对自己无所作为的开脱，这些开脱还总是振振有词。只要他们一开始思考，有一天可能会实现自己的梦想，开脱的理由便会蹦出来阻碍前进的道路。

　　　　他们总是被一些东西影响着：季节不对，汽
车亟须维修，或者是昨晚太累了……他们总是这
样找借口，但真相是：他们自己才是路上的唯一
阻碍……"①

　　我们总能找到无数有力的理由来解释，为什么直到现
在梦想还没有变成现实，问题可以归结于存在太多不利的
外部条件。但是，即便这是理由，可又有什么好处呢？我
们不会因此而更加接近梦想。

　　不妨试着暂时忘记自己是庞大系统中的一员，不取决
于领导、客户、各种规则，不把自己当作"这个部门的雇
员"或者"那个部门的经理"，而把自己当作一个"个人
团体"——自己的有限公司（Myself LLC）。这个团体的
管理要素和任何一个公司都一样，例如：

　　——个人战略计划：设定长期目标；

　　——市场营销：研究劳动力市场；

　　——个人理财：管理资金等。

　　在讲到个人时间管理时，我们时不时会用到类似的东
西。您所知道的关于管理经营的一切，不仅可以直接用于
您的工作，还可以对您"个人团体"的管理进行调整优化。

---

　　①　查克·诺里斯：《我们内在力量的奥秘》，利特尔＆布朗出版社
1996年版，第57—58页。（Norris, Chuck, *The Secret Power Within Us*, Bos-
ton: Little, Brown and Company, 1996, pp.57-58.）

最关键的是，如果您拥有这种自我管理的态度，那么您对于把握自己生活的战略态度就不再是消极被动的。消极被动的人无法得到各种必要的工作条件，得不到足够的工资，甚至不会有人给他换一台速度更快的电脑……成功人士的战略是独立自主的团体战略，他能独立地构建自己的战略、与其他团体达成合约（比如和自己的雇主公司）、积极规划并实现生活的蓝图。

当您在管理"个人团体"的时候，请记住：和管理公司一样，在管理自己时，任何一个问题的答案都不是唯一的。在市场上有很多公司，它们所秉持的原则和方法可能是完全相反的，但是又都是成功可行的。在个人的时间管理中也是这样：您需要的是"量体裁衣"，要根据自己的特点和工作领域来打磨这些方法。

幸福和成功的人、能够实现自我的人、在生活中卓有成就的人可能记日记，也可能不记日记；可能事事亲力亲为，也可能把事情交给秘书；可能总是计划周全，也可能随机应变……每个人的做法都不一样。但这些人必然有一个共同点，那就是他们清楚地知道自己的目标是什么。关键是，不论外部客观情况怎样，他们都能积极地在生活中实现自己的目标。

分享一则有趣的故事，有一个人把自己一生奉献给了一个伟大的目标。1919 年，年轻的学者亚历山大·柳比谢夫 [①]（Alexander Lyubish-chev）给自己制定了一个一生的计划：找出生物体的周期系统，也就是说，他要在生物学领域里作出门捷列夫在化学领域里的成就。

柳比谢夫计算了所需的时间发现，学习所有必需的学科和进行试验研究要花一百二十多年的时间。因此，他需要作出抉择：是放弃自己的目标和梦想，还是学会在有限的时间内完成更多的事。

柳比谢夫决定与时间赛跑。在五十多年的时间里，他一直记录日程、计划工作，总结时间的利用情况，偶尔还将它们寄给朋友。据说，即便是在76岁高龄，他能做的事比年轻的同事还要多。

1974年著名的作家丹尼尔·格兰尼写了一本关于他的书：《这奇怪的生活》（*This Strange Life*）。很多人在读完这本书后开始思考人与时间的关系，开始写信，互相交流经验，制定规划

---

① 译者注：亚历山大·柳比谢夫（1890年4月5日—1972年8月31日），苏联的昆虫学家、哲学家、数学家。在26岁时独创了一种"时间统计法"，通过记录每个事件花费的时间，通过统计和分析，进行月小结和年终总结，以此来改进工作方法、计划未来事务，从而提高对时间的利用效率。其间他不断完善这一统计方法，并一直沿用了56年，直到逝世。

时间的方法。这些本国时间管理学派的一些代表人物后来成了时间管理协会的第一批成员。

值得一提的是，柳比谢夫并没有成为"节约时间的机器"。井井有条的计划让他能根据自己的愿望利用时间，而不仅仅是花在工作上。丹尼尔·格兰尼在自己的书中写道：

"……笔者所处的这一代人，以及接下来的几代人在工作的忙碌中从不吝惜自己。白天在工厂上班，晚上在夜校学习，既是函授课程学员，又是夜校学员，还是自考考生；他们全身心地投入自己。

但只要笔者客观冷静地比较一些事实，就会发现：柳比谢夫在那些年读的书比作者多，也更频繁地去剧院看了剧，欣赏了更多的音乐，写了更多的东西，做了更多的工作。而且，最厉害的是，他非常清晰深刻地思考着周遭的事物。"

柳比谢夫没有来得及实现自己的目标——他给自己制定的任务直到现在都还没有完成，或许它根本就是无法解决的。但是，得益于伟大的目标和时间管理计划体系，他解决了每个人遇到的最困难的问题——如何与无法挽回、无情流逝的时间进行赛跑。

"自己的"目标与展望未来

我们需要积极地、有预见性地对我们"个人团体"的未来进行规划，利用长远的目标来表达我们的梦想。我们不能守株待兔，要主动地猎取它。这就需要清楚地理解，我们到底希望从生活中得到什么。要做到这一点，远不是想象中那样简单。

请尝试着想象 3 年至 5 年后您生活中的每一天。暂时不要考虑，您"应该怎样"或者您认为"可能怎样"。最好是用书面形式，把对未来的预见用随笔写下来，1—2页的篇幅。在这篇随笔里面大致可以涉及以下几个问题：

——您的一天是怎样开始的？

——一天中最深刻的印象是什么？

——您的身边是什么样的人，他们都谈论些什么？

——您工作的内容是什么？怎么工作的？

——取得了哪些成果？

——成功解决了哪些问题？

——您是如何休息的？

——一天中最主要的事件。

或许，这篇随笔一天之内还无法完成。不要急，不要揠苗助长——让它们逐步地自然生长。在接下来的几天，每天都看一下这篇随笔，修改、增加一些内容。只要带着梦想去做，它就一定会成为具体的现实。

在分析时间管理学校第一批学员的文章时，我们提出了"自己的"目标这一概念。比如，一个来自小城市的医生写道，他要建立一个医疗中心，显然这个目标是经过细心酝酿的，而且医生也很清楚，为什么他和大家都需要这个医疗中心。但是，我们也经常会遇到这样的文章，我们称之为"光鲜杂志的复印件"："我从自己雪白色的保时捷上下来，来到自己雪白的办公室，穿着雪白衬衣的经理们奔忙着完成我下达的命令……"

如果这确实是"自己的"目标，如果好车真的让人快乐，那我对雪白色的保时捷没有任何反对意见。但情况却常常相反，这样的目标经常是广告、周围环境、亲人、社会陈规以及教育体系等强加给我们的刻板印象。每天都有人在向我们灌输思想，一个真正的成功人士应该需要哪些东西。而真正成功人士的成功之路绝对不是从购买阿玛尼的服装开始的。

如果要积极地、有预见性地管理自己的生活，要找到"自己的"目标，那么一开始就需要祛除杂质、摒弃刻板印象。一位制造业企业广告部经理在时间管理训练后说道："我明白了，我一直像一辆高速火车一样到处奔走，拼命地要赶上为我制订的计划安排！现在，我觉得需要自己来制订计划了!"

要找到"自己的"目标并不总是那么容易，但这又是完全有必要的，否则穷尽一生追逐的也只是别人为您设定的目标。

> 哈萨克斯坦阿拉木图，萨特瓦咨询公司（Sattva）的总裁伊莲娜·纳巴托娃说："在时间管理研讨课上，我有一个女学生，她做了一辈子的空姐，但这份工作完全没有给她带来任何满足感。于是，我问她小时候喜欢做什么。原来，她画儿画得不错，于是我们开始讨论研究，怎样靠这门手艺挣钱，比如开画展。对她来说，做自己喜欢的事可以带来生活收入——这一想法本身就让她感到惊讶。半年后我们偶然相遇。她说：'伊莲娜，我真是太感激您了，您让我找到了自己。邀请您来参观我的个人画展，半年前，我就改行做画家了。我现在做着自己喜欢的事，而且还有一份不错的收入。'"

"回忆录"与价值取向

"未来生活的一天"让我们看到了所希望的未来。接下来，不妨试着确定您的基本价值取向，以此为基础便可以拟定长远目标。

　　时间管理协会的成员之一、企业管理与商务顾问维塔利·科罗廖夫发明了一个简单的方法，来明确个人的价值取向。以如下方式来制作"回忆录"：

　　——每晚抽出 3—5 分钟的安静时间。

　　——在笔记本或者在一个单独的本子上记下今天的主要事件（Main Event of your Day，以下简称 MED），是让您情绪波动、印象深刻的事。它不一定是今天最主要的工作成果，哪怕是与朋友五分钟的谈话也可以是印象最深刻的事件。它可以是正面的积极的，也可以是消极的。试想，如果允许您带一本书去荒岛上，您会带哪一本？这里也是如此，哪件事您会在荒岛上回味？

　　——周末再写下本周的主要事件，可以是本周 7 件 MED 中的一件，也可以是另外的新事件。在月末则选出本月的主要事件，在年末找出年度事件。

　　在这些事件旁可以备注您认为它是主要事件所依据的价值取向。比如，如果事件是"女儿从奶奶那里来了"，那么您的价值取向就是"家庭与孩子"。当然，不可能存在一个标准的、适合所有人的价值观取向清单，每个人都是不一样的，有些人可能经常写"新鲜感和刺激"，另一些人则是"稳定和可预见性"……形形色色的人，价值取向也不尽相同，最为重要的是，找到自己最切实的价值取向。

借助"回忆录"能帮助您迅速地拟定好关键价值取向
清单。此外，它还能激励您每天都抽出几分钟的时间思考
关键问题，这也能有助于您在纷繁复杂的日子里不丢失生
活中的关键价值。

在鄂木斯克银行（Omsk Bank）的一次时间
管理培训上，有人向我讲起集体"回忆录"。每
个员工在网上特定页面写下自己的每日主要事
件。在一天结束的时候，由所有人投票决定整个
银行的今日事件。

个人的墓志铭与使命

我们用"未来生活的一天"为实现自己的梦想迈出了
第一步，依靠着"回忆录"明确了"个人团体"的关键价
值取向。接下来便是制定我们的个人使命。

当公司决定制订战略计划时，这个过程通常是从制定
使命开始的。一位外企商业顾问说得很好：

——目标是我们从生活中争取的，去征服才能实现。

——使命则是我们与生俱来奉献给世界的东西。

"传教士"（源于使命一词）的本义是指放弃自己的居
所、家庭和稳定的工作，前往遥远的、充满敌意的国度，
并带去自己视为真理的思想的人。

在罗蒙诺索夫陶瓷厂，我问厂长们，他们的使命是什么。他们先是回忆自己的官方定义，然后叫我去看他们的网站。但是，网站上写的使命并非真正的使命。使命应该是每个员工都能意识到并能讲出来的。我又问他们："要是工厂被炸弹击中会怎样？在世界上会不会有一些东西会发生根本性的变化？"他们马上回答："那么18世纪由罗蒙诺索夫奠定的独一无二的皇家陶瓷传统就会中断。"我说："那么，这就是你们的使命，用不着费劲去想网站上的定义。你们能给予世界和国家的东西是其他任何人都不能给予的，这就是你们的使命。"请注意，世界上有不少公司和工厂都能生产优质的陶瓷，但是罗蒙诺索夫陶瓷厂所承载的文化习俗和生产传统却是任何其他工厂都不能复制的。

使命首先应是您独一无二的特性：如果没有您，那么世界会有什么改变？您会留下什么东西？

这种问题可以用写墓志铭的形式来阐释，但是神经脆弱敏感的人不适合这种操练。请试着为自己构想一个漂亮的墓碑并拟写自己的墓志铭："×× 生于 ×× 卒于 ××，在 ×× 领域取得了卓越的成就。悲恸的亲友尤其因他的 ×× 而深爱他。"

试想，现在有一个人在墓地散步，他会不会在您的墓前驻足？会不会对墓碑上的碑文感兴趣？他会不会有兴趣读您的回忆录或关于您的书？

我很喜欢一位美利坚开国元勋的墓志铭："在此处长眠的是托马斯·杰弗逊（Thomas Jefferson），美国《独立宣言》的缔造者，信仰自由法律的起草者，弗吉尼亚大学之父。"杰弗逊虽然当过美利坚联邦的总统，但他认为这不值一提。当总统和当其他的角色并没有什么区别。在墓碑上被提及的只是他给予这个世界的东西，并且直到现在还发挥着作用，也正是它们让他的生命不朽，使他名垂青史。

如果起草墓志铭这一做法对您来说过于压抑，那么不妨试试撰写一篇退休发言。它们的意义是一样的：简短地描述您为这个世界留下了什么东西。

在乌克兰基辅的核心贸易公司（Kernel Trade）的培训中，一位参与者写下了这样的墓志铭："给人带来了快乐，培育了出色的孩子，缔造了一个企业王朝。"观察创作的过程是颇有意思的："好吧，就写'他死的时候，是一位出色的葵花油销售商'？""我可不想这样！""那当您与世长辞时想成为什么样的人？""我想干出一番事业，而且是不平凡的，要像罗蒙诺索夫陶瓷厂那样，有自己的传承。"这个例子很好地表明，通过写墓志铭可以帮助您在当下繁忙的事务中找出现实的长远理想。

在俄罗斯新西伯利亚的一次公开研讨会上，商业培训师罗曼·克雷洛夫在团队的帮助下，将自己的使命表述为："提高商业培训师的职业声誉，让家人以我为骄傲，使合作伙伴在我的帮助下取得个人发展并赚得额外收入。为了达成这一目标，我需要利用系统的思维、独一无二的训练方法、出色的个人专著和有效的时间管理技术，成为国内销售界顶尖的商业培训师。"

责　任

使命以及墓志铭并不是能快速起作用的方法。墓志铭常常需要时间去仔细斟酌，时不时地进行修改润色。这件事虽然不容易，但大有裨益，能帮助我们在繁忙的当下找到更崇高的意义并给"自己的"目标奠定基础。

使命有时会变成责任，两者的区别很简单：我们可以自己调整使命，而责任却不行。被赋予责任就意味着您得明白，除自己之外再无他人来帮您拉出泥潭，如果您崩溃

了、松懈了，或者中途放弃了，那么您永远也无法原谅自己，您的生活也会变得空虚而丧失意义。

责任是很微妙的东西。对于信徒而言，他们的责任是上帝赋予的；对于非信徒而言，这是某种赋予我们每个人自己角色的"普世规律"。有意思的是，在生活中我们通常趋向于最大限度的自由和独立，但是责任却是无法拒绝的，是最高程度的约束。与此同时，它能给予最高层次的生命意义、幸福以及取得成就的能量。责任不一定是要在医学领域里掀起一场革命，研究出治愈艾滋病的药物，它可以是一个普通乡村妇女把儿子养育成人的人生目标。责任最主要的不在于物质规模，而在于人与世界的和谐共鸣。这是很微妙但又缺乏研究的问题，所以我暂时也无法向您提供寻找您自己的责任的方法，不过请记住，您的责任会慢慢变得明朗起来。

分享一则我个人实践中的例子。当我在银行开始职业生涯时（不考虑学生时代的兼职），我并没有感到有什么责任感。我有自己的兴趣爱好和愿望，但是没有感觉到责任。现在每当回忆起那个时候，我就为当时的自己感到遗憾，就像我惋惜8年级前的自己对音乐一窍不通，但是现在音乐却是我生活中不可缺少的一部分。

当我跟进一个蘑菇生产项目时，我的责任感

突然出现了。当时我觉得这份工作很无趣，于是我就去主管那里辞职。我解释说："我觉得这实在不是属于我的事业，我也感觉不到动力……"他说："好吧，我们暂且不谈这个项目，那请您说说，您到底对什么有兴趣？"

需要说明的是，在这之前，我已经进行了一年的时间记录，一直在学习怎样能在有限的时间里做更多的事，怎样有效地兼顾大学里的学习、工作和众多的课程。所以，我就对他说："我对计算和分析时间的系统方法感兴趣。"

主管是一个相当情绪化的人："时间?！那您怎么早先不出声？我经常在交付期限过了半小时后才能签署报告！每个人每天都要干12个小时以上！先忘掉这个项目吧，让我们研究一下工作时间的问题吧……"

这真是一个千载难逢的机遇。对于我来说，个人的方法和爱好竟然出乎意料地成为了一门十分有益且被需要的技术，在当时的俄罗斯市场上，这还是相当匮乏的。不仅从商业的角度来说它是相当有益的，从哲学的角度也是如此。我见证了，时间管理方法是如何帮助人们发掘自己的人生目标，给生活带来更多的意义和幸福，如何

改变我们社会对于时间的态度。所以，我明白了，时间管理科学对我不仅是工作，更是责任。

最令人惊讶的是，那场改变我命运的谈话发生在2月2日，我的生日。几年后，有人送给我光碟《土拨鼠的一天》作为生日礼物，这是一部关于时间管理的电影，里面所有的场景也都发生在2月2日。

生活中的关键领域

当您已经向着生活中的长远目标迈出了头几步时（价值取向、墓志铭），那么就可以划分生活中的关键领域了。这能帮助您在日常的杂乱事务中把握清晰的结构，让生活更加和谐，使各方面的事业都能保持平衡。

关键领域即指最主要的几个事业方向（建议划分5—7个），这是您生活的主要发展方向。例如：

——个人发展/事业进步/学习/教育；

——家庭/孩子/亲人；

——朋友/熟人/职业圈/社会活动；

——兴趣/爱好；

——工作/业务/客户/属下/项目；

——运动/健康；

——成功／事业；

……

可以将计划好的关键领域图表和树的结构作比较，不同于杂乱的待办事宜清单，这个图表有清晰的枝干和树叶——任务。划分关键领域能帮助我们在杂乱的事务中不迷失自我、准确地设定生活目标。

> 我们有一个客户，是一所俄罗斯商业学校的校长，在讨论他个人时间管理课程的任务时说："我的事情太多，不能全部都照料到。我有商业学校和科学学院的工作，还要去欧洲的合作学校出差，还有一个关于国有企业重组的重大项目，还要帮妻子写论文……"

如果连博士和时间管理专家都不能在杂乱的事务中清晰定位，更何况我们这些普通人。因此，自然而然，在咨询答疑时，确定基本领域就成了第一步，比如"科学学院／大学／咨询答疑"等。再下一步就是为每个领域设定清晰的目标。如果即刻创建关键领域的清单有难度的话，那么就请拿出 30 到 40 张小纸片，在上面写下您每天的日常事务。比如"写总结""进行采访""接听客户电话""与朋友电话聊天"等。然后，将这些纸片分成 5 至 7 组，每一组的任务要相近。当找到每一组的逻辑结构时，就为每一组想一个简单的名字，这样您的关键领域就确定好了。

下诺夫哥罗德冶金公司的销售经理说："我的关键领域……我觉得一是个人发展，二是职业发展，三是家庭，四是……"

生活管理与生活目标

"时间管理"并不是一个确切的术语，我们无法真正地做到管理时间，事实上我们能真正管理我们自己，管理我们的目标、任务、期限、计划……进而最终管理我们的生活。"生活管理"这一术语是在 2003 年的时间管理研讨会上首次被提出的。自那时起，这一术语被使用得越来越广泛，它恰当地反映了当代时间管理改革的进步：从片面的时间规划方面的技术性问题，过渡到寻找生活目标、制定目标和达成目标的深刻命题。

先前我们已经做了许多准备步骤，以便能明确长远的生活目标。"未来生活的一天"、墓志铭、价值取向及生活关键领域构成了我们设定目标的基础。现在我们面临的就是最为复杂也是最为有趣的任务——设定个人目标。

为此，我们可以利用一种结构简单、内容复杂的方法——编制长远目标图表。图表横向有两栏：年份（自今年起）和您的年龄；纵向是生活中的关键领域。在年份与关键领域的交汇处是您大致要达成的目标定位。

长远目标图表

年份	2022	2023	2024	2025	2026	2027	2028	2029	2030	2031	2032	2033	2034	2035	2036	2037	2038	2039
年龄		30					35					40					45	
事业		部门经理							副总裁									
职业发展 个人发展			获得商业管理硕士学位									写一本书。为什么要写？写什么主题？						
家庭		儿子					建一间房子					使自己的孩子接受好的教育						

在某些关键领域，您可以从长计议，而在另一些领域则只能涉及眼前几年的情况。有一些目标是很清晰、明朗的，还有一些目标则是不确定的、模糊。但无须担心：有一张大致的图表也总比盲目寻找要好。

一位在苏联时期曾担任过厂长的企业家说："我是工程师，是一个喜欢井井有条的人。当我再婚的时候，开始画简单的日历计划表。我标出了我和前妻的孩子成年、需要钱上大学的时间，我也标出了我现任妻子和前夫的孩子成人的时间。我大概算了一下我们的父母衰老需要赡养的时间，我们成为祖父母的时间……

我的妻子很震惊：哪能这样计划生活啊？但是，如果我们想在未来得到什么，那么现在就得付出巨大努力。另外，也需要有一个明确的概念：现在到底该做什么，因为等到明天可能就晚了。"

当然，我们生活中的很多事都不取决于我们，很多东西瞬息万变。比如说，当您开车时，您不能完全保证车100%没问题，可能抛锚，也可能爆炸。生活也是如此，虽然没有百分之百的把握，但生活依然需要管理，更何况生活不能"试驾"。生活就是一条单行道，因此，最好是尽早地知道自己要朝哪个方向走，以及最主要的——为什么朝那里走。

在读这本书的初版试行本的时候，甚至最严肃认真的高层经理，这些似乎是最成功的、如日中天的人，也觉得计划自己生活的想法十分新颖、不同寻常。他们中的一位展示了自己笔记本的首页——全年任务图表（何时有会议，何时是假期等）。他说："我就生活在这些框架内。"

要对所有的生活目标做一个概览并不容易。首先，您并非永远都清楚自己想要什么。这时您就可以尽量地描述您的想法，留下空白，打上问号。请试着把您想要的东西描绘出来，而不是画一个时间表。更不要害怕幻想未来，您并不会因此而负什么责任。愿望和环境都会发生改变，当发生改变时，您就按照它们来调整自己的表格就好。这只会花几分钟的时间，但会让您对未来有一个更清楚的认识。图表绝对不会束缚运动的自由。方向由您自己选择，图表只是帮助您前进。

其次，要给您的目标设定好最后期限，这其实令人感到颇为惊惶。这迫使您诚实地、现实地看待自己的生活，这也可能会使您遭遇生活中令人不愉快的真理。比如，如果我想在40岁前成为一位经理，而不是80岁，那么我就不是"在某种程度上"需要学英语，而是在"昨天"就早该学英语了。如果我已经80岁，那我就只需要一张摇椅和毛毯就行了。

最后，要承担这一责任也是令人不安的。如果没有成功，如果我失败了，该怎么办？靠幻想美好的生活来安慰自己，比诚实、清楚地给自己列出目标要愉快得多。

所有的梦想都应是严肃认真的。实现它们可能需要经年累月的艰辛努力，漫长的岁月已经摧垮了不少积极上进、目标明确的同胞。在漫长的时间中，我们的灵魂丧失了敢想敢做的部分。我们是想永远碌碌无为，还是想鼓起勇气独立自信地走出自己的人生道路？我们的同胞白手起家创建了世界级的企业，俄罗斯过去几年的发展实践表明：当我们致力于一个目标时，我们就能完成它。我们要为自己制定目标并实现它们！

现实可行的目标与"超级"目标

经典的管理学和时间管理方法经常会推荐使用 SMART 方法来设定目标。SMART 由 specific（具体的）、measurable（可测量的）、achievable（可实现的）、realistic（现实的）、timebound（有时限的）这五个词的首字母构成。例如：制定目标时，需要是"我想在接下来的三年内成为通信公司的高层经理，年薪不得低于××"；而不是泛泛而谈"我想有个好工作"。

如果目标在时间上离得越近、越清晰，那么 SMART 法就会越有效。它能帮您评估自己的目标，定下清楚的完成期限。如果一个目标在时间上过于长远，不甚清晰，那么就不需要把它过于具体化。短期的 SMART 目标就像是灯塔，这些目标能给您指航，驶向可达到的目的地。长远目标或是"超现实目标"则更像是北极星。它们可以指路，但是目的地可能是遥不可及的。

亚历山大·蒙德鲁斯是普里托尼特公司(MC-Bauchemie-Russia) 的管理主任，在进行一次时间管理项目时，制定了以下的"超现实目标"，这些目标根据它们最重要的特征被归为几组（承蒙客户允许，我们才可以登出这一表格）：

家　庭	确保稳定高质量的生活水平；在家庭和工作间找到一个适合的平衡点；给儿子提供一个在未来工作的机会；给事业继承人留下成功的事业基础。
客　户	客户要愉快而心怀感激地在我们给出的条件下购买我们的产品；他们要成为我们公司忠实的消费者。
其他企业业主	互相学习吸收对方的经验。
高层经理	让他们乐意按我的想法去工作；给予他们每个人发展的机会，得到客观公正数额的工资，并且给公司带来收益；让他们每个人都具有高职业水准，能够独立地按照公司的规则解决任何的任务。
网球球友	互相帮助提高网球技艺，并使大家都能从中得到乐趣；邀请任何一个人参加练习都能得到同意；被邀请参加练习。
公司的其他股东	得到红利；执行计划；提高公司的股价。

建立个人时间管理体系的第三步

明确您个人的价值取向，为实现梦想设定长远目标。

总结：

——积极有预见性地管理自己的"个人团体"。

——摆脱老套观念的束缚，描绘"未来生活的一天"。

——用"回忆录"来确定您的价值取向。

——用墓志铭的形式确立个人使命。

——寻找您的责任所在。

——找出您生活中的 5—7 个关键领域。

——为接下来几年您要实现的关键领域中的

长远目标制作图表。

——把最接近、最明晰的目标具体量化。

……

您可以将您的联系信息(姓名、职业、公司、城市、联系电话和电子邮箱地址）发送至 info@time-drive.com，邮件主题"时间管理：索取材料"（Time-drive: workbook request），即可获取电子表格用以记录您的"回忆录"和花在"大象"类任务上的时间。

4. 工作日：如何在瞬息万变之中做好工作规划

生活小品：

昨天太早，明天太晚，今天又没时间。

前面的章节，我们已经谈过怎样设立长远的生活目标。然而，在目标与结果之间，还有大量常规的枯燥的工作需要完成。如何来安排这些工作呢？如何在计划期限内，找到正确道路、达成目标呢？

首先，我们应当摒弃传统的俄式自我贬低："我们俄罗斯人是不会计划的，我们都要到最后关头等着突击行动，真可惜我们不是德国人。"就此打住吧，朋友们，当我们想的时候，是完全可以做计划的，要不然我们是怎么在伟大的卫国战争中取得胜利的，是怎么做到第一个将人类送往太空的呢？

环顾四周，相信您能找到一类人：他们做事井井有条、目标明确，擅长利用各种方法来规划工作，同时还不乏率性果敢、情感丰富，完全不是机器人的模样。所以，我们要向好的榜样看齐。把事情在最后期限内做完并不困难，您需要做的就是停止自我麻痹，要相信能够让凡事都井然有序。慎重地仔细想想，开始规划，现在就开始，就在今天，而不是"星期一"再说，开始行动吧！

一天的计划

亲爱的读者，为您提供绝对的真理和正确的答案——这并不是我的风格，因为在时间管理上并没有标准答案。对某些人正确而适用的东西，可能完全不适合另一些人。但现在，我不得不告诉您时间管理中一个颠扑不破的真理：必须要有每日计划。

不过，各位，这里有一个坏消息：您收件箱里的十封邮件、电脑上的五张便签、脑袋里的十五件"决不可忘记的事"、画在手上的两个记号——这些都不算是计划。一天的计划需要写在一起，而且必须用书面形式。可以用Outlook 和 Excel 来制作计划，也可以用纸质表格或是笔记本，但这也不是原则性的。

反对每日计划的常见理由——情况变化太快。然而，情况突然变化的时候，正是需要计划的时候。"每天早上刷牙"这一类完全可预料的、毫无悬念的事情并不需要计划。我们制订计划，并不是要将自己置于完成任务的条条框框之中，也不是对变化的外部情况视而不见，而是为了瞬息万变之中方寸不乱。

那么，如何制订一个灵活、方便、舒适，又不让自己过分紧张的计划呢？我们现在就来讨论这个问题。您必须

考虑到的是，计划一定要是有形的，写在纸上或者电子形式。

正如一个上校所说的："好记性不如烂笔头。"人的大脑并不能同时储存过多信息。务必要将一天的所有任务写下来，并在一天内定时地浏览。这只需要几分钟的时间，却能让您管理好自己的任务，不忘记任何事情，恰当地处理需要优先解决的任务。

在基辅的一次公开研讨会上，一位反对做计划的学员讲述了团队的案例："我不会在活动挂图（flipchart）上画出时间表，不过我可以告诉你们：上午9点我们去开会，9点30见老板，11点签署文件……"我打断他，问在场的人："你们几点去签文件、几点见老板？"所有人都沉默了。"你们也看见了，我们全天不止一次提到要把计划付诸笔头的原则，而认为自己最了解计划的人，恰恰完全没有能力将重要信息付诸实践。"小组成员对此都表示赞同："我们能利用大脑理解一些简单的原则，却不知道怎么将它们付诸实践。"这个案例告诉我们：不要觉得您什么都会。通常最简单、最普通的事情做起来却是最难的。请仔细地审视自己，不要因为还需要提高这些简单的技能而感到难为情。

什么时候制订计划最佳呢？经典的时间管理书籍坚持认为在前一天晚上开始做计划最好。在我看来，在晚上或者早上制订计划各有优劣：

——在前一天晚上做计划能够让过去的工作日圆满结束，一身轻松地去休息，新的一天也会有一个清晰、明确的开始，知道要做哪些事，从而不会手足无措。这种做法适用于固定的、可预见性的工作。

——在早上进行计划有利于照顾到管理型任务，比如调整、敲定与客户的会面、给员工下达指示和说明等。针对无法预测的，以及需要进一步确认的工作，早上做计划会更方便。

不管是在晚上还是在早上制订计划，都不可以把计划看成僵化的条文。计划应该不断地根据情况的变化而进行调整，这至多只会花 5—7 分钟时间，却能给您节省数小时，甚至是数周的时间。

如果您需要经常在办公室和城市里来回走动，那么最好把计划订得灵活一点，一个不大的笔记本，或是几张划线的纸就足够了。

鲍里斯·季亚科诺夫，"银行 24.ru"的执行经理，就在 A4 纸上制订计划，因为他坐在工位上的时间不长，拿着这种计划书在办公室里走动比较方便。早上他从笔记本上将所有的工作任务

和会面安排誊到纸上，并在一天中对完成情况作出标注，写下新的任务，用半张纸记下时间。晚上再把白天所有出现的任务写到笔记本里。后来他改用 Outlook 自动生成计划（Outlook 里有很多工具，可以轻松制订计划，包括日历、任务表和便签等）。他的秘书会对着纸质计划，调整到 Outlook 里。

选择怎样的日程计划本

在这一章里，我们将介绍日程规划的方法，方法不仅只适用于某种特定的记事本，如果能合理灵活地利用，文具店里在售的大多数记事本都是合适的。

请先挑选适合自己的记事本：

——周记型：适合于协调会面安排、统筹跨日安排；它能让您对全周情况有清晰的概览。但如果每天的会面和任务比较多，那就会不太方便，除非您的字足够小，或者，您可以打印单独的表格来制订每日计划，早上从笔记本里将会面事宜转写到表格里，白天再把所有新任务记录到表格上。

——日记型：适合于任务不多的情况；它能让您掌握工作日的具体计划。但如果这样的话，协调全周工作就会比较困难，因此，也可以打印单独的表格作为周记，用来计划会面事宜。

周记型工作计划	
周一	周四
周二	周五
周三	周六／日

日记型工作计划	
上午 9 点	
上午 10 点	
上午 11 点	
中午	
下午 1 点	
……	

不管使用哪种类型，如果您日程计划本里的某一天已经排满了几天前就计划好的会面和任务，那么最好另用新的表格来重新规划。

如果任务并不需要固定在某天完成，那么可以把它们写在书签或是便签上，然后再把它们贴到本子上，这样一来，可以避免将它们抄来抄去。最重要的任务最好写在单独的便签上，或可称为"战略书签"。

日程计划本要美观，因为在时间管理中美观十分重要。毕竟，您托付给日程计划本的是最宝贵的东西——时间。千万不要吝啬，可以买一个皮套和一支好笔，经常使用彩色的漂亮书签……

连锁贸易公司"电子舰队（Elektro-flot）"

的总裁马克西姆·比留林，谈到自己认识的某位

高层经理时，说道："他许多年来，一直使用一
支四色笔，笔记本上所有的任务都是只用这支笔
写的。普通的任务用蓝色，优先事务用红色，委
派给他人的事项用绿色，令人不悦的和可以推延
的工作用黑色。"

"战略书签"

书签，这一最普通、最简单的物件，就能帮您在笔记
本上更好地制订计划。一张厚实的纸或者硬纸片就可以用
作记事本的书签。在这张纸上可以：

——记录没有严格期限的任务，好让它们能被注
意到；

——记录手头上最要紧的联系方式；

——记录需要思考的话题，并非需要完成的任务，而
是需要进一步挖掘的想法。

合理利用，这就是"战略书签"。

"战略书签"这一方法是由康斯塔联合通信系统公司
（Comstar United TeleSystems）的商业经理柳波芙·尤丽
斯首创的，方法很简单：把日记本里的长期目标写到书
签上，这样"战略书签"便能时刻提醒您关注自己的目标，
而不至于在日常琐事中迷失自我。

在制订一天的计划时，请先看一下"战略书签"，而不是当下的任务。您也可以建议自己的员工制作这样的书签，组织集体会议讨论"战略书签"的完成情况。

日程计划的纲要

在进行日程计划的时候，我们会遇到三种类型的任务：

——"硬性"的会面：有确定的时间，比如"12点进行项目展示"。

——"灵活"的任务：没有硬性的期限，比如"确认展示的时间"。"灵活"的任务并不一定"不是必需"的，也不是"没有完成期限"的，这样的任务也会有期限，只是没有具体需要完成的时间。

——"消耗型"的任务：重大的优先任务，虽然没有硬性的完成期限，但是需要大量的时间资源，比如"准备展示——2小时"。

这样的分类有助于将"硬性的"和"灵活的"计划以最佳方式结合起来。会面一类的硬性任务应该制订严格的计划，而灵活的任务则可以宽松一点。日程计划纲要的做法如下（例子里使用的是日记型记事本）：

1.在页面上的空白处（通常在日程计划本的网格右侧

空白区域）列出完整的"灵活"任务（即没有明确时间的
任务）清单。

2.在其中，用红色突出 2—3 件优先任务，并从这些
优先任务着手开始完成"灵活"任务。

3.在日程计划本的网格之中安排有明确时间的"硬
性"任务。给需要大量时间资源的优先任务留出时间
预算。

在白天，穿插在"硬性"任务之间的时间则用来完成
标红的"灵活"任务。

日程计划的样式大致如下：

09		提醒 ×× 关于 ×× 的事！
10	会议	**准备演示！2 小时**
11		搜集模具数据
12		**写关于 A 方案的报告！1.5 小时**
13		午餐
14		向供货商索要信息
15	演示	
16		
17		
18		
19		

左边是"硬性"任务，不仅仅是以清单的形式列出，
还有明确的时间；右边是"灵活"任务的清单，其中优先
的任务用黑体字突出，三个优先任务中有两个任务有预留

时间。左边部分直观清楚，所以我们不仅能立刻看出可以用来完成"消耗型"任务的时间，还可以看出用来完成任务的时间到底够不够。

请注意：在这份日程计划中有很多空白，我们也并不是按照时间分布把所有的任务简单地写下来，这样，计划才能不受各种外界阻碍的影响。如果出现了新任务，那么我们就可以直接把它补充到"灵活"任务的清单里，评估它的优先性并着手完成它。

结果指向型任务清单

在计划不具备硬性完成时间的"灵活"任务时，我建议使用一种简单的方法——结果指向型任务清单。比如：

普通的表述	更为有效的表述
给 ×× 打电话	说服 ×× 下订单
和 ×× 商谈	从 ×× 处获得信息
举行会议	推动项目开始

请使用更为有力的话语清晰地表达结果。可能有些人觉得，这是另一种形式主义，因为很多时间管理参训者认为，他们当然不会忘记为什么需要"和 ×× 商谈"，但在头脑里想象事情的结果和使用积极的表达将它记录下来是完全不同的。

亚历山大·谢留金，俄罗斯统一能源系统（United Energy Systems of Russia）有限公司信息部门经理，在一次团体培训上说："确实是这样！我经常听到：'嗯，我已经转交合同了……'可是我感兴趣的不是你交没交，而是他们签没签！"

请自己评测一下：拿出昨天的计划表，把使用结果指向方法表述的任务用您喜欢的颜色标出来。用不喜欢的颜色标出消极、中性的表述。最后哪种颜色更多？

分享一则有趣的案例，例子是关于结果指向型方法的作用的。某次休假，晚上，我在酒店的游泳池游泳。游泳池水下的一面墙上有照明灯，而另一面没有。我注意到一个很有趣的现象：我能很轻松地从没灯的一面墙游向有灯的一面墙。但反方向游时，在到达目标前一两米的距离总是要浮出来换气。距离是一样的，反过来也应该能游到才对。然而，问题不在于距离，墙壁上的灯仿佛是在激励我、给我能量。结果指向型计划的作用就和墙上灯的作用一样。

清单中的优先任务

在结果指向型任务清单列好之后，一定要根据优先级来标注任务。有一个故事可以说明此举的重要性，多年来各种时间管理资料一直都在引用这个故事[①]：

查尔斯·施瓦布（Charles Schwab），伯利恒钢铁（Bethlehem Steel）的总裁，请自己的顾问艾维·李（Ivy Lee）帮助他优化时间管理。他的顾问建议每天早晨把当天的所有工作都写到一张纸上，并按重要程度递减的顺序标上号，以这种顺序来完成工作。他解释道："这样，即使清单中还有没完成的工作，那也没有太大的关系，因为最主要的已经完成了。"几周之后他给顾问寄了一张两万五千美元的支票，称这是他一生中听到过的最好的管理建议。

我并不赞成用复杂的系统来确定优先任务，比如，将任务标记为 A1、B1、B2……在我看来，只要记住优先任务就够了，就是首先需要完成的任务。以下类型的任务通常是最为优先的：

——刻不容缓的任务—— 这类任务对商业运行具有极其重要的意义；

——确认型任务——完成这类任务并不需要很多时

---

① 洛塔尔·赛韦特：《你的时间在你手上》，经济出版社 1990 年版。（Lothar Seiwert, *Your Time Is In Your Hands*, Moscow: Economizdat, 1990.）

间，但是却能为接下来的一天确定日程。比如"确认展示时间""明确是否需要会面，或者只需致电即可"……在制订一天的计划时，这些任务是首先需要完成的。给员工委派工作也可以算是这一类任务，比如"向××解释说明项目"等。实际上这是确认型任务，它只花费您少量的精力，却能对员工的工作进行优化，确定优先任务，提高他们的效率。

"硬性"会面的计划

现在我们需要来研究日程计划的最后一项——为"硬性"会面制订计划。

无论您的生活是多么的杂乱无章，充满了多少难以预测的因素，他人还是会根据您是否守时、是否井然有序、是否能负责地完成任务来对您进行评价。为了能在会面时从不迟到，在计划的时候一定要为以下事项留足时间：

——路况：堵车是在大城市中存在的普遍问题，您需要考虑到路上堵车的情况。

——准备：将电脑放进包里，穿夹克，到达办公室，准备文件等。

——突发事件：比如被保安拦下，耗费大量时间检查身份证件；地址不详；建筑物门牌不清；走错路线。

不幸的是，很多人对时间还没有一个现实而清晰的概念。我还记得与某公司律师的谈话，那是某月 23 号，周三。我说："我到现在还没有收到您的合同。周一，也就是28 号，时间管理课程的第一轮训练就要开始了。"他回答道："28 号？也就是说我们还有一周……"我说："不好意思，实际上不是一周，而是半个周三以及周四、周五——一共两个半工作日。"

在预测会面时间长短、路途花费时间、准备工作花费时间的问题上，我们就更没有一个实际的概念了。项目管理专家们有一句俗话："把项目预算乘以二，时间乘以三，这就是实际的数据。"所以在计划会面时也可以这样操作。在您预计的时间基础上至少增加 20%。

"永远留足时间"的原则非常简单，但是在实践中却少有利用。我在做咨询工作时遇到的一件事可以极好地体现出这个原则的作用。

075

银行的一位管理代表，是一个很情绪化的人，完全不会制订硬性计划，却又常常要秘书"按分钟计划工作日"。他们就"按分钟"计划一个又一个的会面，如果一场会面拖沓了，那么接下来所有会面都会往后拖延。结果，一天之中他老是感到焦虑，觉得有愧于那些在接待室等待他的员工和客户。

我给出的方法很简单，这是一条经典的时间管理原则：对工作日的计划不要超过60%的容量，留下40%的弹性时间。我们是这样使用这一原则的：在两个小时的会面后，留一个"绿色区域"，在这段时间秘书不可以安排任何东西。

这位银行家开始的时候很惊讶："这怎么行？工作日里这么长一段时间我必须得利用。"我问："您在这段时间里要做什么事吗？"他回答说："当然，整理办公桌、看业务计划……"我说："那您就做吧。"结果，如果一场会面拖长，最坏的结果就是下一场会面往后延，但是"绿色区域"却可以起到缓冲作用。客户非常满意，因为现在大多数会面都能够准时开始，而且也有时间吃午饭了，还能处理积累起来的小任务。

理智地守时

在计划会面时，或是在安排日程时，势必会出现守时的问题。在我看来，只有英国女王才一定要在钟声最后敲响时进入房间，大多数人并不需要那样守时，那怎样为好？

——"准时"意味着您在会面开始前 10—15 分钟到场。这样您会有时间不慌不忙地脱下外衣，在会议厅或者接待室喝一杯茶，把思维转换到会议上来。这种方法最好是用在不认识的人身上，特别是您对他们的需要超过他们对您的需要时。当然，您最好带上打发时间的东西——书，或者也可以完成那些不太紧急的电话任务等。即便因为突发事件您稍微迟到了一会儿，最多不过 5 分钟，这是可以接受的。

——"学术性的迟到"可以达到 15 分钟。在和熟悉的人或者同事见面时这是很正常的，但只能是您和 2—3 人见面的时候。如果多于这个数目，那么您的迟到就不对了，因为一大群人的时间是相当宝贵的。

——"灵活的开始"。当进行集体的创作性劳动时，有时某个人会突然走开，又会有人加入，活动环节是很灵活的。

当然，最好是和伙伴们提前定好准确的开始时间。在您头脑里对于什么叫准时是一种概念，在其他人头脑里又是另一种，这样的概念差别可能会引发冲突。所以，最好明确商定好时间。而在公司的工作中，这样的时间概念应该是固定成型的，应该是集体文化的一部分。

亚历山大·蒙德鲁斯，普里托尼特（MC-Bauchemie-Russia）公司的经理，谈及引进合作时

间管理程序的过程时说道："所有人都处在同一
个信息和时间空间。这样一来，如果会议定在下
午5点开始，那其实这意味着，在5点时，我们
还无法就座开始开会，而是要在所有人都到齐之
后才能开始会议。"

　　传统的时间管理书籍都会建议不要把会面和
会议的时间定在整点，而是稍晚一些，比如下午
5点15分比5点更佳。但我对这条建议的作用
表示怀疑，最好的做法应是在您的员工和伙伴中
建立守时的共同观念。

"过剩信息"原则

　　为了让您高效地过完一天，建议与其完全依靠计划，
不如考虑到情况的突变，方便及时改变计划。

　　假如，有人跟您说："去这个地址接我，这是我的电
话号码。"您到了附近，但是无法找到确切的位置，其他
人也不知道这个地方在哪里。您忘了看公司网站上的地
图，电话也不知道为什么没人接听，办公室的电话号码您
也没用心把它记下来。

　　在类似的情况下，"过剩信息"原则就可以派上用场：
如果您既记下了完成计划需要的信息，又记下了其他补充

信息，那么它们能在发生意外时起到作用。

　　在清晨5点的鄂木斯克，在零下20摄氏度的严寒中，我明白了这个原则的作用。我那时没戴帽子，也没有戴围巾，客户派来接我的车也没有出现。司机和接待人员的电话我都没有，要去的宾馆地址我也没有。总之，相关的具体信息我什么都没有。幸运的是，我最后打通了人事经理的电话（在早上5点！），最后，是他安排了司机来接我。从此以后，我总是会向我的客户索取尽可能多的电话号码和他们的详细信息。另外，去西伯利亚时，我再也没有忘记戴上帽子。

建议您在准备会面的时候不仅要储存过剩的信息，也需要：

　　——在开始前几小时打电话确认会面是否如期举行；

　　——在不可抗力事件发生时告知他人您可能会迟到。

您只需要花上2—3分钟的时间做好预防措施，在困难情况下，就能为您和伙伴省下不少时间和精力。除此之外，借助类似的简单方法还可以巩固自己的正面形象，塑造负责、守时的人设，令人觉得做事认真严肃又负责。

　　曾在一次培训中听到了一些令人愤怒的话，而这个小组竟然对此心平气和。"如果我要去见

一个不太需要的人，比如说，一个销售经理，即使我不能出席，我也不会给他打电话取消会面。"在我看来，这是十足卑劣的做法，不愿意花自己的 1—2 分钟时间，而让别人浪费 1—2 小时的时间。他对您的需要胜过您对他的需要——这并不重要。在公交车上，人们给老年人、妇女让座，这并不是因为相比其他人他们更需要座位，而是因为有种东西叫作道德和尊重。

建议在计划会面的时候参考以下清单：

——路线图。从客户的网站上打印下来；如果没有，那就下载电子地图，或者拍下地图的照片（这就是带有照相功能的手机的好处！）。

——路程时间，附带储备时间（堵车等）。最好是用纸质形式将其记录下来，以便您或者同事下一次使用。

——关于客户的问题。所有能想到的电话号码（工作电话和手机、办公室电话、秘书的电话、助手的电话等）；公司是否有门禁；如何找到办公大楼(如果地址复杂的话)；如何走到楼内办公室。

当还没有智能手机的时候，每次与人会面我都会制作一个新的备忘录，内容包括公司的名称、联系方式、路线图和路程时间的估算。会面之后我就会写下确切的路程时间和其他细节，比如："最好在购物中心附近打出租，因为那里更容易看见车。"我把这些备忘录放在一个专门的信封里，然后在下次再需要去这个客户那里时就把它拿出来，这让我轻松了很多。当项目结束时，备忘录则封入按照项目分类的文件袋中。而现在，手机和Outlook可以同步日程一起完成任务。

建立个人时间管理体系的第四步

利用"硬性"任务与"灵活"任务的分类做好日程安排，以便能够制订实际可行的计划，完成最主要的任务。

总结：

——早上或者晚上抽出10分钟制作全天任务概览表。

——在日程计划本里，使用不同的颜色、书签和便签制订计划。

——使用"战略书签"（记录关键性的长远计划）。

——在日程计划中区分"硬性""灵活"和"消耗型"任务。

081

——在清单中找出 2—3 件优先任务，并以
此开启工作日。

——在计划"硬性"会面时预留下储备时间。

——与客户和合作伙伴立下守时原则。

——储备过剩信息，以备计划之外的不时
之需。

5. 计划：怎样按时完成

当然，方便的是，

在显示屏旁贴个便签提醒需要紧急处理的事项；

不方便的是，

胶水不牢，半年过后它们就会脱落。

"制订计划"这一词语有时候让我们俄罗斯人不寒而栗，因为在我们的脑海里仍有苏联口号的印记——"计划就是法律""为了11月7日不计代价"……俄罗斯民族宽广的胸怀，不拘小节、纵情恣乐的性格，虽能迸发创意的火花，但也有碍计划的执行，比如：火车经常晚点，常常忘记回电……

当然，制订某种形式的计划表还是需要的。履行自己的职责、准时赴约、在许诺的时间回电——这都是现代人非常自然的"个人卫生法则"。好比每天刷牙、洗澡都是不言自明的事，在时间管理领域中守时也是同样的道理。

不过，这里也有好的方面。在听到"制订计划"这个词时，我们大脑下意识地认为是严格的、琐碎的，但是事实并非如此。重要的是，根据个人特点和工作性质选择最合适的方法。

"时机"——灵活计划的基础

有很多任务并不那么容易计划，例如：

——"如果遇见总经理，就能把索赔问题解决了。"

——"在回家路上记得去一趟汽车服务店检查刹车。"

——"去银行的时候顺便交网费。"

——"如果阿尔法（Alfa）公司的彼得罗夫打电话过来，就和他探讨一下第二个项目的思路。"

在日程表里，把这些计划任务放到哪个时间段？Outlook 和手机上的提醒要设定在什么时候？毕竟，在和彼得罗夫通电话的时候，探讨项目的提醒不会自动跳出来；去汽车服务店的安排也很可能多次被重新计划在日程表里，又可能会在日程表的计划里一次又一次地被划掉，然后又安排在接下来几日的计划里。简而言之，问题在于某些任务很难提前进行确切的时间计划，那要怎样处理这些任务呢？

古希腊人用于表示时间的词有两个："Chronos"指的是线性的、天文的、可测量的时间，我们所习惯的日历；"Kairos"（此词在希腊语中意为"天气""气象"）则指的是进行某事件合适的、方便的时刻和环境。

实际上，有很多任务无法确定硬性的完成时间，要完成它们就需要具备"时机"（kairos）等众多有利条件。请回忆一下自己的工作日：有多少任务有硬性的完成时间（chronos），又有多少任务需要寻求合适的时机（kairos）？

日程计划本或电子日历上普通的硬性计划并不适合于管理那些需要"时机"的任务，我们无法在日程表中为这类任务作出具体的时间安排，也无法设下电子提示。因为我们并不确定总经理什么时候会经过走廊，我们什么时候会经过汽车服务店。

与"时机"相关的典型场景：

——地点："在银行""在汽车服务店""在特维尔分公司"

——个人或者团队："问老板的问题""和来自大力神公司（Hercules）的××会谈""在董事会议上"

——个人情况："想（不想）工作的时候""灵感涌来的时候"

——外部情况："老板心情好的时候""最终关于××的法案通过的时候……"

这只是最常见的可能出现"时机"的场景，关键在于，要找出那些对您的工作来说最为紧要的"时机"，并学会有效地利用它们。

新西伯利亚一家从事室内装潢和修缮的公司："我们不久前，碰上一个'时机'：新西伯利亚周边的一个小城发生了水灾，那里所有的东西都被浸透了，很多都需要做装修。我们迅速了解了情况并派去了销售代表……"我说："不错，这确实是典型的'时机'的例子。"他们问道："哥蓝布·阿翰思奇，您说，'时机'可以专门创造吗？"

　　如果不怕触犯法律，那当然可以。但是，您至少可以预测"时机"，比如和气象预报部门联系，提前获取可能出现水患的信息。

在日程表里计划"时机"型任务

　　任何常用的日程表都可以用来建立背景依赖型的任务体系，规则如下：

　　——明确对您来说最为紧要的背景情况（通常为5—7件）。

　　——在日程计划本或者 Outlook 日历中创建相符于这些背景情况的栏目。

　　——在某个背景情况（"时机"）临近时看一看相应的栏目，再次回忆起需要做的事。

　　例如：

　　走出办公室前，看一看"办公室"（或者"同事"）栏目，注意到任务："如果遇见了总经理，就能把索赔问题解决了。"

　　下班的时候，看一看"位置"栏目。注意到任务："在回家路上记得去一趟汽车服务店检查刹车""去银行的时候顺便交网费。"

在跟客户打电话讨论工作的时候，看一眼"客户"栏，解决任务："如果阿尔法（Alfa）公司的彼得罗夫打电话过来，就和他探讨一下第二个项目的思路。"

类似地，您可以对工作中其他的"时机"型具体工作进行操作。不论是"参观分公司"还是"商业旅行"，不论是"总部会议"或者是"X项目"，对它们都可以进行类似的操作。逐渐地，您便会习惯在合适的时候查看日程表的相关栏目。

在日程表中管理"时机"型任务的另一个方法是，把任务写在便签上，然后把它们贴到您认为会出现"时机"的日期上。如果"时机"延迟了，那么任务可以轻松地移到另一天。这样，您就不会因为缺少"时机"而反复增删、调整任务了。

在 Outlook 和 LotusNotes 中因为有各种任务分类，所以计划背景型任务就变得特别方便。每一个建立的任务项都会有一个或是数个"时机"分类。并且，非常有用的是，这些任务可以同时在数个分类中看到。例如"给伊万诺夫下达关于 X 项目总结的指示"既可以归到"下属"一类，也可以归到"总结"和"项目"的类别里。这样，我们在打开"下属"一类的时候，就能在计划之前看到这一项任务；打开"总结"一类就可以在跟领导谈话之前看到；打开"项目"一类就能在计划 X 项目的工作时看到。在不同的分类里看到同一项任务——这就是电子计划表相对于纸质计划表的主要优势之一。

分享两个有趣的例子。

第一个事例：关于普希金，有传闻说，当他读到关于他作品的辛辣批评时，他会在纸上记下作者的名字和评论的标题，然后把纸放进专门的水晶花瓶里。当"时机"来临、有心情去讽刺挖苦时，普希金就会从花瓶里取出一张纸，撰写一篇讽刺评论。

第二个事例：我的一个客户有一套相似的利用"内在时机"的体系。他的 Outlook 里有一个分类叫"不想工作的时候"，里面记的是没有硬性完成期限的任务。当经理自己不想工作的时候，他就打开这一类，给这些任务的执行者打电话提醒说："老板是从来不会忘记任何事的。"

在白板上计划"时机"型任务

制订中期计划不光可以在日程表中，也可以使用更直观的方式——绘图纸或磁白板，在团队工作中使用这种方法尤其方便。这种计划方式也通常见于需要"时机"的情况，比如和他人一道工作、开展同一个项目的时候。计划板大致如下：

计划板：人员／项目	伊万诺夫	彼得罗夫	西多罗夫
项目A	▨	▨ ▢	需要
项目B	▢▢	▨	▨
项目C	▨		

　　用罗蒙诺索夫陶瓷厂厂长的案例来说明。纵列是部门经理，横列是项目（食品系列项目）名称，在纵列与横列交叉的地方则贴有便签，上面写有相应项目经理的任务，不同颜色的便签表示任务的优先程度和其他参数。在计划工作的时候厂长就可以查阅相应的横列，看到所有的项目任务；在和下属联系的时候，厂长则查阅相应的纵列，找到下属所负责的所有任务。这样，就能同时依照"时机""人员"和"项目"对任务进行计划。

　　这里还有一个用白板计划"时机"型任务的例子，是一个非商业组织的经验。该组织提供教育项目，与政府机构有大量合作。该组织的职员在时间管理培训过程中明白了一点：对于他们而言，位置是关键的"时机"，因为很多文件的收发都只能由本人亲自完成。

　　职员们便在白板上将主要的单位作了划分并约定：如

果有人要前去某处当面解决问题，那么就在白板上贴上便签进行标注。如果有一些任务必须要当面完成，但可以由该组织的任何人出面（比如：去 5 号办公室递交签字文件、去 20 号办公室询问许可证是否已制备完成，等等），当有同事正好去办事时，可以同时也看看其他人是否有需要在这个机构完成的任务，如果有，就顺便一起完成。大家在出门办业务前，都会来看一眼，拿上委托材料。

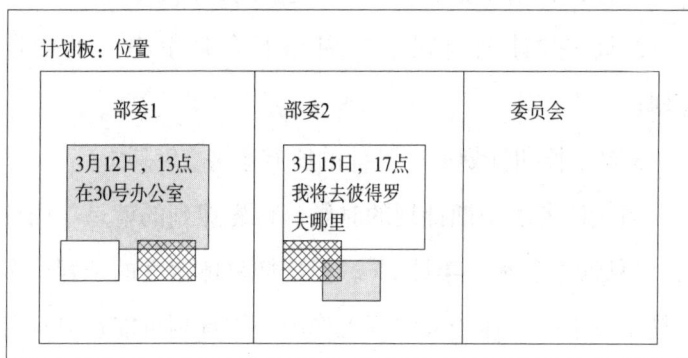

计划板：位置		
部委1	部委2	委员会
3月12日，13点在30号办公室	3月15日，17点我将去彼得罗夫哪里	

一个月之后，根据研讨会参与者的反馈，正是得益于这样的"时机"类任务的相互帮助，现在花在路上的时间比以前少了一半。

此外，需要考虑到的很重要的一点是：白板并不是用来组织团队工作的必需工具，也可以是办公桌前可以贴便签的一块普通白墙，或者是座位上方的软木板都可以作为计划板。可以对这些东西进行构造，以满足自己的需求。

计划之技巧——"日—周"

现在我们已经能够灵活地对"时机"类任务进行计划了，但有很多任务多多少少是有硬性完成期限的。您的计划体系中只要涵盖三个基本板块，即可掌控所有这样的任务。

1. 日：今天的任务——日程表中的日计划；

2. 周：按计划要在下一周和下个月里完成的中期计划；

3. 年：长期计划——其他的所有事务。

当我们考虑中期计划的时候，首先想到的就是"周计划""月计划"和"年计划"。但这样具体定性的计划您多半是用不上的，在个人实际工作中，周计划可能在第一天就落空了，而月计划也不过三天。此时，我们需要的不是某个时期的硬性计划，而是各个板块之间任务调整的硬性规则，也就是：

1. 晚上在制订后一天计划的时候，浏览一下"周"板块，把所有已经"熟透"的、可以完成的任务和最为紧要的任务都移到"日"板块之中。

2. 每周制订下一周计划的时候，浏览"年"板块，所有紧要的任务都移到"周"板块。

通常，我们并不需要"月""季"等板块，这一层次的所有任务都已经放在"年"板块之中了。在每周浏览时，如有需要的话，可以把任务移到"周"板块里。

此体系可以：

——一方面，帮助您不陷于紧迫的条条框框之中；在制订周/月计划时，又可以避免把未来计划得过分详细。

——另一方面，不会让各项事务"听天由命"。经常浏览"周""年"板块，能保证需要的任务一定会在需要的时间被记起来。

灵活制订计划的方法可以用以下的方式直观地表现出来：

年　——一周一次——>　周　——一天一次——>　日

093

"周"板块里可以使用以下工具制订计划：

——在日程表中使用单独的清单，记录近几周的任务；

——在日程表中专门板块里使用任务清单或便利贴，在每周浏览这个板块的时候，可以方便地将写有"成熟"任务的便签移至日程表下一天的页面上；

——定期常规任务概览表（见前文）；

——写有最近几周任务的计划板；

——在计划的时候（进行周计划，而不是像在日程表里进行日计划那样）；

——一周的"灵活任务"清单和"硬性"的时间网格，或者是"灵活"任务的书签。

"长期"板块通常来说更简单一些。在极端情况下最多是"战略书签"（见前文），即写有最近半年到一年关键目标的书签。此外，"长期"板块可以包含：

——一年的关键活动计划（展览、会议、季度和年度报告的提交）；

——关键项目完成节点信息（公司信息导航系统的发布日期、新的统计标准的过渡期限等）；

——完成期限尚早的小型任务清单（"一月末和伊万诺夫确认……"），如果这些任务不进入日程表中具体板块。

——生日、纪念日记录表等。

计划板上的"日—周"原则

怎样才能把任务完成期限直观地展示出来，使员工一目了然？通常，我们会使用带有日历表的白板作为计划板，在计划板上可以贴上不同颜色的磁铁标注不同的事件和活动。我在很多俄罗斯公司都曾见过这样的计划板，但遗憾的是，它从来没被有效地使用过。我认为原因在于，一旦计划出现变化，磁铁就必须跟着来回移动，这非常不方便，硬性的计划有时无法抵抗情况的不可预见性。

以"日—周"为原则的计划板不妨是一个更好的办法，这在上一节已有提及。计划板的样式如下：

"日—周"计划板		
	伊万诺夫	彼得罗夫	西多罗夫
日	▨	▨ ☐	
周	☐☐	▨	▨
年 / 月	▨		

在计划板上纵列是员工，横列是计划的时间。比如，在横列"日"和纵列"伊万诺夫"交集的地方贴有便签，上面写着这位员工今天的任务。晚上在计划第二天任务的时候，员工本人或者是他的领导就查看"伊万诺夫"和"周"交集处的便签，并且把一些任务移动到"日"的板块。然后继续按照这样的方法每周查看"年 / 月"的板块。

古伊米拉·图列肖娃，哈萨克斯坦国家银

行人事部主管，谈道："在接受时间管理培训后，我们做了一块计划板，每个部门的职员都在计划板合适的表格里贴上填好的便签，每天计划自己的当日工作、月工作和年工作。另外，我还给自己做了一个'战略书签'，上面写有每年优先需要完成的任务。这张书签也贴在很显眼的地方，每个员工都能看到它。

"另外，银行在每个员工的表格上还贴上了信封。我们可以如释重负、心满意足地往信封里放便签，上面写有具体任务、规定的完成期限和实际完成期限。在每月评选部门最高效的职员时，这个信封起着重要的作用。经领导批准后，获奖员工可以休假一天。"

复杂任务的计划制订

"日—周"原则完全可以提醒您即将到期的任务。现在，我们要致力于更"高级"的水平：如果仅仅把"年"板块中的任务转移到"日"板块已经无法满足要求，那该怎么办呢？如果一个任务相当复杂，里面包含许多次一级的小任务，这些小任务又由多人负责，又该怎么办？

试想：星期一您在制订这一周的计划，正浏览"年"板块，您发现了一项在半年前领导布置的工作。比如"在旺季开始前给我们的经销商开一场讨论会"。

因为"年"这一板块每周会被查看两次（见前文），因此您能够提前考虑讨论会的事。您要做的第一件事就是把这项任务移到"周"板块中，这个板块每周都会被查看一次。

接下来这个大型任务需要分成诸多小任务，并且要给这些任务确定完成时间，以确保如期、高质地举行经销商的讨论会。

在解决这些小任务时，您有可能会陷入以下的怪圈：

——第一阶段：任务的完成方式充满了随意性、偶然性。所有细节内容都靠大脑记住，而笔记本上只记录了一部分事项。在最后的两三天，所有人开始一起突击工作，大家如救火一般地解决问题，但有些东西肯定来不及做完。

——第二阶段：您开始尝试为大型任务制订整体计划，但您只知道硬性的计划方法。所以，计划无法完成，又回到了第一阶段。

要想跳出这样的怪圈，就需要给任务制订灵活的计划。可以利用二维表格来完成这件事。在左边的纵列中，任务被分成了几个关键的次级任务，每一项都指明了具体工作。第二个纵列里则是执行者的名字，如果您没有下属，那么在这个纵列里也可以写供货商、同事的名字，前提是您和他们就完成工作的问题已经达成了协议。表格中的第二个维度是时间（上方标注日期，下方标注星期）。

正如您所见到的，整个任务被分成了三个主要的次级任务：活动内容、召集参与者和准备场地。沿着时间轴的水平线则标注次级任务的完成时间。

任务	负责人	十一月 4 周一	5 周二	6 周三	7 周四	8 周五	11 周一	12 周二	13 周三	14 周四	15 周五	18 周一	19 周二	20 周三
活动内容：														
报告人	A. A.	■	■	■	■	■	■	■	■					
项目	A. A.			■	■	■	■	■	■					
宣传材料	I. K.									■	■			
召集参与者：														
准备请帖	N. M.	■	■	■										
发邮件，电话联络	I. K.				■	■	■							
提醒	I. K.									■	■	■		
场地准备：														
大厅租赁	I. K.			■	■	■	■							
设备	I. K.							■	■					
参宴	I. K.										■	■		

在这个例子中，计划活动内容需要以准备宣传材料为前提：必须在活动开始前四天交印材料（三天用于印刷，一天作为储备时间），也就是在 11 月 14 日开始这项任务。相应地，我们有大约一周的时间用于制定活动项目和筛选报告人，这项工作的最后期限为 11 月 13 日。

　　召集参与者的主要工作部分（准备请帖和电话通知可能参加的人）只有在我们最终确定好活动场所之后才能进行（比如，在活动开始前一星期）。在第二次给参与者打电话后，我们更准确地了解了参与人数，然后便可以订餐。

　　所有事都一目了然。制作这样一个大型工作概览表只用5—10分钟的时间。而且，这个表格也非常灵活，我们这里并不是在制订硬性的周计划，比如"11月7日、8日、11日，伊莲娜·康斯坦丁诺夫娜需要从12点到16点电话通知所有可能参加的人"。如果情况真的发生了变化（变化是一定的），那么重新安排我们的计划依旧只需要5—10分钟的时间。

　　请注意：虽然在这个表格上可以对任务和它的完成期限有一个清晰的概览，但最主要的优势在于这个表格展现了任务之间的相互联系。也正是这些联系可能会导致计划表的破裂：如果某项工作被耽误了一天，那么取决于这一任务的其他工作就会耽误两天。最后，计划就会像多米诺骨牌一样轰然倒塌。到时候对于老板的问题"那到底什么时候才行"，就只能用"可能""大概"来搪塞了。

　　只需每天浏览一次概览表，您就可以管理好大型任务并将它如期完成。请为每个复杂的工作都制作一个这样的表格，并把它保存在"周"板块（这个板块每天都会被查

099

看）。到时候，您就会惊喜地发现，"救火般"和"突击式"的工作大大地减少了。

控制常规的中期任务

当常规的琐碎工作过多时，您的大脑和工作就会是一片混乱。如果您日复一日地在笔记本上记下类似"支付长途电话费"之类的任务，那么您也许会发现：名片上的信息老是不记得更新到 Outlook 联系人里；您的"摇钱树"没有得到及时浇灌，慢慢地死去，预示着可怕的财政危机……总之，您会经常遗忘需要注意、需要去做的事。这些事看起来一目了然，但是正因为如此，它们才经常被遗忘。

如果您有很多常规的琐碎任务，建议您使用我们在前文就已经熟悉的二维概览法来控制它们。表格样式大概如下：

任 务	9月1日	9月8日	9月15日	……
整理办公桌	✓	—	✓	
备份文件	✓	✓		
缴纳电话费(一个月一次)	✓			
……		—		

表格左侧是经常遇到的常规任务，右侧是按周划分的纵列（从9月1日开始的一周，从9月8日开始的一周，以此类推）。在相应的框内用"√"表示任务已完成，"—"则表示任务未完成。

注意，这并不是硬性计划表，确切在什么时间浇花或者整理办公桌对于我们来说并不是重大的问题。重要的是这些事大概需要每周做一次。

如果本周的事情没有完成（比如，从9月8日开始的这一周没有时间整理办公桌），那这也不是大问题。画上横线就行。如果画的横线积累得越来越多，那么这就是在向我们发出信号：太久没做常规的任务了，是时候处理了。

以下是几种典型的常规任务：

——为文件制作副本。重要的电子文件需要定时地保存到磁盘、CD或者U盘里，这是为了确保在被病毒攻击时或者其他技术故障发生之时能恢复这些资料。名片上的信息最好录入统一的信息库里（Outlook或者Lotus等）。重要的纸质文件需要制作复印件并单独保管，以防丢失或者办公室发生事故等。

——清理办公桌。虽然经典的时间管理理论都认为办公桌需要保持整洁，但我不太相信办公桌可以时刻保持整洁，定时清理还是可以的，而且是完全有必要的（主要办

公空间一天打理一次，整个桌子一周打理一次)。在电脑
上也需要定时清理"桌面"和"我的文档"。

——各种常规事务——支付账单、提交总结、归档
文件……

每周的"常规琐碎"任务表需要保存在您日程表中的
"周"板块。这样，您至少可以一天看到它一次，相应的
任务也就不会被忽略。

我并不知道，下面这个故事的真实性如何。
一个领导突然听到他的秘书在电话里向朋友抱怨
自己的生活："我准备辞职……工资和其他的东
西都还满意，但我们老板完全是个呆子，从来不
夸人。我没法这样工作下去……"

领导是个一板一眼的人，于是在每周的常规
工作表里写上了"夸奖秘书"的任务。此后每天
都完成任务标上小勾。最终，他得到了积极主
动、忠诚可靠的员工。

给任务做好时间预算

制订中期计划的最高水平就在于，每周精确地做好大
型任务的时间预算，确保如期完成任务。比如：您需要写
一篇篇幅颇大的文章、一本书、论文、部门状况报告、地

区发展商业计划……这一类任务虽然重要，但并不紧急。为了防止它变成"救火般""突击式"的任务，每周或者每天需要给它分配多少时间呢？

让我们来回忆一个简单的方法，这个方法很多准备考试的人都知道，情况大概如下："10 天的准备时间，需要准备 40 个问题，每个问题至少要花 1 个小时，这样每天需要 4 个小时的准备时间。"计算方法如下：

1.使用任意的计算单位确定总的工作量（40 个问题）；

2.确定工作效率（每小时解决 1 个问题）；

3.以工作效率为基础，确定期限和时间预算（每天需要抽出 4 个小时）。

对于任何一个大型任务您都可以进行类似的操作。比如"我需要在 10 天内准备 20 件商品文件。每一个商品大概需要 1 小时。也就是说，每天需要抽出 2 小时的时间"。

这样，您的计划是"每天抽出 2 小时"或者"每周抽出 8 小时"，而不是抽象的"在 9 月中旬以前"。这才能更加有力地促进工作，并能让您清楚地跟进计划完成情况。

期限与时间预算的关联是可以自动进行的，现在我就以本书为例，给您讲述方法。

计算还有三个步骤：

1.用一种计算单位确定总的写作工作量——页、章节、点等，对于书和文章来说，利用字符的数量来计算是很方便的。在一开始这个数量可能是大概，但这不是问题，因为在工作的过程中您可以对它进行修正。

2.确定工作的效率。这需要您记录每个工作周期的长度和成效。建议您利用 Excel 或者带有 Excel 链接的 Out-look。比如下面就是我的"P-book"（科普书，也就是本书）项目的一张真实的时间记录表：

P-book："chronos"与 "kairos"	圣彼得堡：咖啡店	5900	2005.03.23	15：45	1 小时 15 分钟
P-book：确定会面	下诺夫哥罗德：火车	7900	2005.03.23	19：00	1 小时 30 分钟
P-book："灵活"任务和"预算型"任务	飞机	6400	2005.03.28	20：00	1 小时
P-book：如何在日程表中制订计划	伊热夫斯克：博物馆	4200	2005.03.29	23：00	1 小时
P-book：计划——案例	伊热夫斯克：午餐	4300	2005.03.30	14：30	30 分钟
P-book：计划——案例	飞机	3700	2005.03.31	8：15	1 小时

在第一列里是工作（在此处为章节）的简短描述，右侧是地点、字符数量、日期、开始时间和持续时间。这些是来自 Outlook 的数据，所以不要害怕这些繁杂的数字：它们会在和 Excel 的链接中自动生成，我只是在日历上记下了完成任务所花去的时间而已。

3.通过计算工作效率您可以把期限和每周的预算时间联系起来。比如，这就是我在写这一章时所用过的 Excel 文件的节选：

400000	必需的工作量（用字符表示）		
118500	完成的工作量	完成的工作量（%）：	30
281500	剩下的工作量		
20	花去多少小时	每小时多少字符：	4122
68	剩下的小时数		
9	剩下的工作周	每周的预算小时数：	8
8.5	七月之前剩下的周数		

用黑体表示的两个指标需要手动记录：预计的工作量和每周花在工作上的时间预算。所有剩下的部分都自动地在 Excel 里计算生成。"完成的工作量"和花费的小时数则是利用前一个图表里指标的综合结果计算出来的。用其中一项除以另一项就得出了工作效率——4122 个字符／小时。在这个指标的基础上则计算出了用于预测工作（阴影部分）的关键参数：

——剩下的小时数（在当前的工作效率下）。

——剩下的工作周（在当前每周计划的预算小时数下）。

——项目完成截止期限之前剩下的周数（利用当前的

日期，并将项目的截止日期放入一个特别的区域，由此算出剩下的工作周）。

这样的表格能让您轻松地跟进任务的进度，最主要的是还能预测完成任务的期限。它的另一个重要的功能就是您可以和每周预算时间的指标进行"游戏"。例如，如果在这项任务上每周花费的时间和现在一样，那么什么时候工作可以完成？如果降低其他工作的优先性，每周加几个小时在这项任务上，那又能在什么时候完成？

得益于这个表格，我们可以获得十分重要的东西：完成期限和任务预算时间的自动关联。在 Outlook 上显眼的位置建立"科普图书：七月之前完成手稿"和建立"科普图书：每周抽出 8 小时"——这完全是两回事。第二种说法更加牢靠，更有约束力和推动力。

但是这个方法也有局限，如果任务内部不是统一一致的（比如计划的某些部分的工作容量要比其他部分多出很多），那么就必须按照任务的不同部分分开使用本方法。

实践表明，对任务进行预测和计划完全不会受其创作性的影响。的确，我可以在一个小时内写完两页，第二天可以写七页，但只要完成的记录达到 10—15 条，那么平均的工作效率就会变得更精确。相应地，任务完成期限的预测也会变得相当精确。

使用更加规范和复杂的方法，或者是更加简便的方法——这取决于个人偏好。重要的是，要在两种情况下都为自己挣得名誉：守时、可靠。即便是极费脑力的创作性工作也能如期完成。

建立个人时间管理体系的第五步

遵循"日—周"原则进行具体的中期计划，确保能如期完成任务。

总结：

——时间是至关重要的，所以请把握住"时机"。

——在日程表中留出"背景依赖型"区域。

——使用计划板记录所有员工的任务。

——采用"日—周"原则及时提醒需完成的中期任务。

——运用概览表计划大型任务和常规琐碎任务。

——使用数字指标预测大型任务的完成期限。

您可以将您的联系信息(姓名、职业、公司、城市、联系电话和电子邮箱地址）发送至 info@time-drive.com，邮件主题"时间管理：索取材料"

(Time-drive: work-book request)，即可获取一份免费的《Outlook 中的时间管理》快速视频教程（网页版）。这份教程主要讲解如何在 Microsoft Outlook（使用得最广泛的团队计划工具）中制订"时机"型任务和运用"日—周"方法做计划。

6. 优先级：如何化繁为简
把时间花在关键任务上

众所周知，生活中有黑有白，它们不断交替。

每个人都希望黑色之后总会有白色。

但是没人能想到，可以沿着一个颜色走到底，

最主要的是选择正确的颜色。

如果有人要我用一句话概括这本书的主旨，那就是：请把您宝贵的时间用在主要的事情上。

然而，令人遗憾的是，我们在学校里从来没有学过如何找重点，如何区分重要的和不那么重要的东西，学的所有内容都是必修课，都是需要掌握的。其实，所有的内容之中，有我们确实需要的，也有一般的、没有那么需要的，只不过通常没有人会去深入地思考这个问题。

我们的生活之中是没有"必修课"的，我们所向往的东西太多了：工作上飞黄腾达、生活中幸福美满、和朋友饱餐美食、闲暇时酣畅阅读……但是，我们没有时间去做好每一件事，必须作出选择。我们的人生就是一个接一个的选择，所以最好是能够有意识地来选择，而不是勉强接受。

拒绝的策略

确定事情优先级的第一步，就是让生活从强加于您的工作中解脱出来。这就意味着要学会向那些与个人目标、价值取向和原则相背而驰的事情说"不"。

多数西方的时间管理类书籍都有涉及这一主题，但是俄罗斯常有自己的特点。我们的社会更偏向于东方文化，珍视私下的人际关系，任何拒绝都会被认为是私愤。

在培训中，我们设想了一些生活场景来做情景扮演，比如：

——亲戚或熟人托您在公司安排工作；

——领导请您去火车站接他的亲人；

——朋友请您晚上照看一下她的孩子。

时间管理的规则是严格的：您必须拒绝，而且尽可能不破坏关系。当然，这并不意味着生活中遇到类似情况都应拒绝。假设此情此景您必须拒绝，您会怎么做呢？

在情景扮演时，参与者展现了天马行空的想象，主要使用了以下几种类型的策略：

1."撒谎战术"："伊万诺夫先生，我本来很乐意去接您的亲人，但是我的车坏了。"（其他方案：晚上要送孩子去医院，在餐厅约了我们的大客户）再例如，"有个很爱闲聊的客户打来了电话，我把电话给了同事。让同事说我现在无法接听（在开会或者在见经理……）。如果客户有很重要的问题，我几分钟之后再给他回电话"。

这个策略被称为"利用不可抗力因素的谎话"，它的危险之处在于谎话可能被拆穿。

2."逻辑论证"："我非常乐意帮您的儿子在我们公司

111

找个工作，我很了解他，他非常能干，但是我们公司这个岗位上他可能无法胜任，因为……"

这种方法是最理性的，也经常被使用。但问题在于，我们俄罗斯人非常情绪化，对于任何一种理由都会激动地予以回应，或者据理力争。在培训时，我们常常不得不打断，不然争论可以无休无止地进行下去。

3."拖延/给予希望"："让你的兄弟给人事部投份简历吧，他们会看的。"这也是经常被使用的、最简单的办法之一：既不用浪费过多时间交流，又不会破坏关系，也没有说"可以"。但是问题在于，俄罗斯人经常会把希望当成是许诺。

> 当我还在银行做行长助理时，有一个熟人是慈善基金会的领导，她拜托我："哥蓝布，你们是银行家，钱很多的，帮我们召开一场代表会吧。"我说："我很乐意帮你，但银行家一般不会给慈善项目出钱。我甚至都不确信我能不能跟他们提起这个问题。我试一试，但我不保证。"

> 两个星期之后我答复说："我跟老板讲了，正如我所料，他不打算出钱。"她说："怎么会这样？你答应过的！我们已经做好计划了……"我们的关系彻底破裂了。

我认为，立刻坚决地拒绝是更为理智的做法（对关系的影响也最小），可以说："老板不会给钱的，我甚至都不会和他提起这件事，您别生我的气。"如果后面有机会可以跟行长谈一下，如果突然他奇迹般地同意出钱了，那对她来说也是一个惊喜。但不管怎样都不要给予任何希望，因为人们很快就会把它当成一种确切的应许。

4."让期待丧失吸引力"："我可以给您照看孩子，但是我打了一天的喷嚏，这可能不是感冒，是流感。我怕会传染给孩子"，或者"我可以帮您介绍来我们公司工作，但是工资真的非常低……"这种方案结合了"谎言战术"和"逻辑论证"，所以也同时有这两种方法的所有缺点。

5."其他选择"："约翰，很抱歉，我周末不能去上时间管理培训课，但我明白这对公司的重要性，所以我会请同事录音的。课后我会听、会完成指定的阅读任务，也肯定会运用到工作之中"，或者"很抱歉，我不能帮你妹妹在我们公司找个工作，但是我可以帮她好好写一份简历，推荐一些公司"。有时，这就是最佳选择，但并不总是奏效。在基辅的一次公开课上，一个女学员，是销售部的领导，提到一个案例："朋友想到我这里来工作，我发现她们确实不适合，没法做销售。我想给她们提供其他选择，帮她们找到适合的工作。不过她们懒得去找其他工作，就认准了要在我这里工作，我无法改变她们的想法。"

以上就是五种典型的拒绝方法。这里面没有错对之

113

分，每一种策略都有自身的优缺点。通常，最多只会用到一到两种策略。您不妨拓宽一下视野，尝试一些不曾使用过的策略。

这里有一个理智地拒绝的例子，它结合了几种策略。

第聂伯重工业工厂（*Dneprotyazhmach*）的总经理在研讨会上提了这样的一个问题："我母亲经常因私事打电话到单位。如果我不接，我怕她会不停地给下属打电话。我多次跟她说，如果不是急事儿就晚一些再打过来。但是好像不起作用，不接电话也不行，母亲年纪不小了，万一真的出什么事？"我们一起试着想了几种办法：

——"紧急事件"手机——只能在紧急情况下使用。可以把它包进专门的盒子里，就像是紧急按钮外面有一层可打碎的玻璃一样。如果是普通的电话，就可以在手头工作完成之后或是每小时 5 分钟的休息时间打回去。

——由您的下属负责接听电话（提醒您，需要对下属的拒绝做好准备），如果确实有紧急的事再告诉您。

——最后，试着用强硬的方法打破这种习惯（用她自己的话）："我会告诉她，如果再这样令我工作的时候频繁分心，那要是有一天真发生什么事情，我可能就无法迅速回电话了。这不是在吓人，情况确实如此。"

请注意，我们这里讨论的不是"一概不接母亲的电话"，我们是在寻找一种理智的做法来捍卫自己的时间，在需要的地方说"不"，并确保不破坏相互之间的关系，在真正的紧急情况下帮助他们。

坚决拒绝的艺术

我们接着讨论如何拒绝的话题。有一个有趣的现象：培训课上角色扮演时，从来没有一个学员在没有解释原因的情况下，就坚决地、礼貌地说"不"，一次都没有。

遗憾的是，我们的文化传统里不存在简单的"不"，找理由、辩解、欺骗常常被认为是必需的，没有根据的拒绝是无法想象的。

在我看来，这是我们的不足之处，需要去改变。英语里有一个很好的词"privacy"（隐私，个人空间），用"It's my life"（这是我的生活）这样的表达来回击多余的争论或建议，我很欣赏这一点。我认为，在这个层面，我们不妨效仿个人主义的某些优秀方面。

115

在俄罗斯，由于我们的感情用事、集体主义情怀，个人的自由意识（尤其是拒绝）发展得颇为薄弱。我并不是说，要拒绝互相帮助、集体合作，如果没有拒绝的意识、没有争取个人空间的意识，我们将失去很多。如果没有自由精神、没有创新意识，我们国家也不会在世界舞台上具有竞争力。

我们无法改变我们的国家、社会、公司，但至少在能力所及的圈子里，在可以与之讨论交流和建立友谊的人中，我们需要建立起坚决说"不"的文化。当然，我们也要准备接受他人的"不"，不能带有任何情绪和不满。

优秀的经理知道："你只能依靠你所坚持的东西。"我们将不会拒绝的人比作黏土，黏土是软的，可以揉捏的，它也是脆弱的，您不能依靠它。

如果这个黏土很坚硬，那它可能会让其他人觉得不舒服。然而，坚硬、令人不舒服的人如果回答"可以"，也是坚定的，是您可以依靠的。掌握拒绝的艺术并不意味着要成为一个从不帮助他人的人，并不意味着会失去朋友。有时候，帮领导接亲戚和帮朋友找工作也是有益的。但如果因为某些原因，您不愿意做这些事，那请不要害怕，请礼貌、坚决地拒绝。与此同时，您可以强调，非常乐意帮忙，当下的拒绝并不意味着会永远拒绝。

俄罗斯的办事文化比较情绪化，相比西方，更接近于东方文化。我记得马里奥·普佐的《教父》中有一个有趣的例子：汤姆·哈根，教父的一个助手，去找约翰尼·方丹，见到他时暗自思量："没让助手来接我，反而自己来了，他很尊敬我。"这看似是白费时间，但其实是一种尊重的体现……

这种照顾个人情绪的做法在商务合作中非常重要，因为做生意靠的就是信任。如果双方彼此信任，那么很多问题就能够以更加简单有效的方式得到解决，也就不需要一众律师和厚厚的合同，这些是可有可无的。因此，即便强硬的理性做法在我们文化中不总是有效，也不总是最优方案，但是，我们除了能热情地说"可以"以外，也需要学会坚决、自信地说"不"。

分享一则例子：在维姆-比尔-丹（Wimm-Bill-Dann）公司的研讨会上。在讨论拒绝策略时，一位参与者说："我刚刚收到了我妹妹的短信，叫我去机场接她。

"她是和朋友一起来的，所以无须担心安全问题。她也有钱，所以打车也没问题。已经记不清多少次了，她总是叫我去接她，要是我拒绝，她就会一直生气，甚至发生冲突。"

我问道："那您有没有尝试和妹妹谈一下，试着解释为什么您不想接？这完全不代表您不尊重

117

她，或是不爱她。"

她说："我没试过！确实，我们不光是害怕说'不'，甚至害怕在谈话中提起和拒绝有关的话题。我会把这个写进我的'青蛙'类任务中的。今晚我一定要和妹妹谈谈这个问题！"

合理的冷漠态度

现在我们继续关于确定事情优先级的话题，为主要工作抽出时间，摆脱强加于您的工作。为此，我们需要掌握平静地对待任何工作的哲学艺术，我们称之为"合理的冷漠态度"，可以在任何工作中适当运用。

分享一则集体农庄负责人的例子。有人问："你成功的秘密是什么？"他回答道："秘密在于'三颗钉子'。我桌上钉了三颗钉子，当上面下达指标时，我把它挂在第一颗钉子上。过一段时间会有工作提示送过来，我就把指标挂到第二颗钉子上，把提示挂到第一颗上。只有等到我从第三颗钉子上取下指标的时候，我才开始完成指标。但是……大多数指标连第二颗钉子都挂不上。"

在军队里，同样的方法有更简洁的表达方式："请牢记防空原则：如果拖延任务，那么任务就会被取消。"所以，在得到任务之后，需要问自己的第一个问题就是：我真的需要做这项工作吗？

　　一个有趣的实验可以说明"我真的需要做这项工作吗"这一问题的重要性。有人把几只猴子关在笼子里，在它们前面一个凸起的台子上放上香蕉。当有一只猴子快取到香蕉时，人们就向其他的猴子泼凉水。猴子们很快就明白了是怎么一回事，一旦有猴子想伸手拿香蕉，其他猴子都会拖住它。

　　紧接着，实验人员又往笼子里放进一只新猴子，第一批入笼的猴子被带走了一只。当新来的猴子伸手够香蕉时，它马上就被扯回来了。如此几轮，一段时间之后，所有知道如果觊觎香蕉就会被泼凉水的猴子一只都不剩了，但是它们还是知道不能不让任何猴子靠近香蕉。

这就被称为"集体文化""常规任务"。试分析您的工作日，是否有习惯性的、众所周知的任务，就像猴子不让其他猴子靠近香蕉的行为。

　　在"我真的需要做这项工作吗"这一问题之后，就可以问自己："真的应该由我来完成这项工作吗？"

　　怎样和那些把任务推给同事的人作斗争——这并不是时间管理的课题了，这是心理学和管理斗争的话题。但是时间管理学可以为您在这场斗争中提供重要工具：客观的数字和事实。请记录下由您完成的任务和花费的时间，然后把它们交给领导，让他知道哪些地方您是在帮别人做工作，关键让他知道这对部门有害。您要知道，领导并不在意您个人工作的舒适度，他感兴趣的是您的提议对于达成部门目标的好处。

下面这个例子将告诉我们怎样和推卸工作的同事做斗争。我们在银行的有价证券处作评估，有一个职员说："您现在讲时间，那这儿正好有一个真实的事例：前天我们花了半天时间把一个保险柜搬了出来。这是办公室主任让我们办的事，我们不好拒绝。"我请职员们评估一下自己时间的价值（证券处给银行带来的收入、职业专长等）。然后我问他们："既然你们这些专业人士的时间这么宝贵，怎么还花半天时间去当搬运工？"他们觉得不舒服："你说'搬运工'指的是什么？"我问道："那你们抬保险柜的时候做的是谁的工作？"

不久之后，我弄清楚了，为什么办公室主任叫这些经理抬保险柜，原来是他想省下六七十美元雇佣搬运工的费用。他节省了预算费用，还以为自己会受到表扬！而银行在这期间损失的数十万元却没有注意到。

经理们意识到问题后，向运营主管讲述了发生的事，用数字和事实指明了银行因此受到的损失。他们提议："请让我们写一个部门职责清单，然后您对它进行修正、签字。这样我们在和其他部门沟通的时候就能有一个明确的文件可以依靠。"由于在银行里早就在讲明确职责的必要，所以领导层欣然接受了这个提议。

（注：我并不是说任何时候都不要帮助同事处理不属于您职责范围内的问题。）

"购买"时间

接下来的这一办法可以为主要工作抽出时间——购买他人的时间。要知道，时间不仅可以组织、规划、节约，还可以购买。

要做到这一点，唯一可取的就是把任务委托给其他人，我们不花自己的时间完成任务，而是"买"别人的时间。委托任务的概念很广：不仅指把任务转交给下属，而且也可以指把它转交给同级别的同事，或购买外界的服务等。

如果任务量很大，不符合您的职业专长，对不起您的时间价值，那么就可以考虑雇佣秘书和技术助手等。领导层很少同意扩充编制，但是购买一次性的服务并不是问题。不过，这当然是基于您能清楚地说明此项服务对于公司和部门的益处的情况下。

一则简单的"购买"时间的例子。在基辅的一次集体培训上，培训前，来自不同地区的参与者在讨论着各种组织编制的问题。"哎呀！我忘了需要文件的原件，只带了复印件来……只有再来基辅一次。又得花一天甚至是两天的时间。"何必要亲自去一趟呢？任何一快递服务都可以在1—2天内送达，而且最多只会花费10—15美元。

请记住，让您的生活轻松一些、工作少一点不是领导的任务，但是，让您的工作最大限度地与个人职业技能相符合驱动公司和部门的利益，是他的任务。您需要让领导知道，由于您不得不完成不属于您职责的任务，公司和部门会遭受多大的损失。您可以用您的工资说明您的时间价值，用您所吸引的订单量、您应该花在客户身上的时间……来支持您的论述。

委派任务

如果您有下属，那么对任务进行合适的分配、委托就是"购买"时间的最佳方式，这样就能为优先的工作腾出时间。

现在，我们要谈的不是如何激励下属、如何划分权责分配任务……这些普通管理学都会涉及，有不少书都是关于这个话题的。这里我们需要关注的是个人时间管理中的任务委派。

在委派任务前，一定要在您的个人工作中将它们具体化、形式化。把任务完全交给下属的情况时常会遇到。下属应该完成任务，也应该提醒您任务的完成情况。建议您遵循一条简单的原则：将任务交给他人时，不要让他来提醒任务的完成情况。不管是以怎样的形式，您一定要自己牢记任务。以下是几种方法：

——用电子邮件发送任务。将附件保存在"日管理"和"周管理"文件夹里，定时地查看。如果您能用十指盲打，那么以书面形式写下任务对您来说并不会比口头陈述难。如果您使用 MS Outlook 或者 Lotus Notes，那么安排任务、监督过程就比在电子邮箱里操作更加便利。

——请尝试用录音笔记录复杂的任务。使用录音笔，可以把录音通过电子邮件发给下属。他在执行任务前可以听录音，回忆起所有相关的细节。您也可以把这个录音保存到定时查看的"管理"文件夹中，文件名需要让您想起交给下属的任务是什么。当任务完成时，如果您和下属就一些细节问题产生分歧，那么录音在这时也是能派上用场的。

——如果您喜欢纸质文件，那么可以使用任务卡片（这还是苏联时期的文件流通方式）做一个表格。包括：下达任务的人、接受任务的人、时间、完成期限、任务内容。制作几份副本，领导留一份，根据时间、职员姓名和项目等分类归档。这张任务卡片可以定时查看，这样您就可以掌握任务的委派情况。当然，您也可以使用 Outlook 制作表格。

这些就是将委派任务具体化、形式化的方法，它的重要性我们在上文也有提及。人的记忆并不可靠，因此任务一定要以某种载体呈现：纸、电子文档、电子邮箱等。在和下属及同事工作时，可能出现争论、利益冲突等，那么此时具体化、形式化的任务就尤为重要了，它将有力地助您摆脱困境。

如果有可能，那么可以请任务执行者来做这项工作，而不是您亲力亲为。一位厂长说道："从苏联时期开始，我就用一种简单的方法委派任务。我给员工先解释任务，然后让他们写下自己的任务，我再来检查、修改他们写的东西。如此一箭双雕：花最少的时间把任务用书面形式记录下来，还可以检查员工对任务的理解是否正确。"

　　最后，在委派完任务，将任务具体化、形式化之后，记得积极监督。比如，定时查看（电子的、纸质的）"日管理"和"周管理"文件。任务越是需要优先完成，就越要经常地在检查进展时提醒任务执行者。您的所有同事或下属渐渐地发现：您不会忘记任何事，所以最好是完成和您约定好的事情。

优先的标准

　　为了节约花在不那么重要的事情上的时间，我们使用了坚决拒绝、"购买"时间、委派任务的方法。现在，关键问题是：怎样才能知道剩下的事情中哪件最重要？只有明确后，才能抓住重点，留好时间。

　　请试着回忆，或是从日程本上抄下昨天工作中解决的问题，在它们中找出最为优先的工作。我大概能猜到，您是怎么判断优先级的："这个很重要……这个是必需的……没有这个是完全不可以的……这个是昨天需要关注的事……这件事是经理亲自问过的……"结果，所有任务都是要优先完成的。

　　"优先"（priority）一词源于拉丁语的"prior"（第一），它的意思就是"排在第一的"。所有事不可能都是同样重要的。20 世纪 80 年代的改革时期有一个笑话：

"同志们，同志们，我必须要插队！"

"旁边窗口的那一队，就是给那些插队的人的！"

如果所有的人都要插队，那么自然就会形成另一个队伍。如果把"国家英雄"的称号授予所有公民，那荣誉称号就没有任何意义了。同样的，如果所有任务都是优先任务，那么"优先"的概念也会失去意义。

为什么我们会把所有任务都看得那么重要？问题就在于我们评价工作重要性的标准不一样。比如，您可以根据：任务对客户的重要性，或者对领导的重要性，又或者是对您个人发展的意义等。

让我们用一个日常生活中的例子来探究不同的标准是如何起作用的。不过使用的方法乍一看比较复杂，它在系统分析中作为多重标准评价法而广为人知。

假设您需要选购一套房子，通常没有最佳的选择：这一套房子离地铁近一些，那套房子带后院，而这一套房子的设计更好……

多重标准分析法的步骤如下：

1. 确定各个待选项的评价标准；

2. 衡量各个标准，确定它们的相对重要性；

3. 根据每个标准评价待选项；

4. 计算每个待选项的价值，选择最优项。

我们以几套房子的分析来展示这个过程（见下表）：

地　址	位　置（0.4）	价　格（0.3）	面　积（0.3）	总　计
彼得罗瓦街15号	2	2	1	1.7
远居新村25号	1	3	3	2.2
中心广场2号	3	1	2	2.1
……				

1.确定待选项的评价标准（为了使例子尽量简洁，只取三个）："位置""价格""面积"。还可以加上"生态""设计"等，标准最好是5—7个。

2.衡量各个标准。建议最好让每个标准的权重加起来等于1。我们将确定的各标准的权重（0.4、0.3、0.3）标在表格的括号里。我们所确定的权重表明，位置对我们来说十分重要，而价格和面积则相对次要。

3.根据每个标准进行分析评价。建议运用三分制，或者最多五分制（十分制或者百分制是自欺欺人的行为，因为人最多只能分辨5—7个层次）。在我们给出的例子中：

——彼得罗瓦街——位置不错，价格也不错，但是面积很小。打分：2、2、1。

——远居新村——位置不好，价格合适，面积很棒。打分：1、3、3。

——中心广场——位置极佳，价格过高，面积不错。打分：3、1、2。

现在计算待选项的价值得分。根据各个标准综合每一个待选项的得分，将得分和各个标准的权重相乘。比如：彼得罗瓦街：$2 \times 0.4 + 2 \times 0.3 + 1 \times 0.3 = 1.7$；远居新村：$1 \times 0.4 + 3 \times 0.3 + 3 \times 0.3 = 2.2$。

如果最终得分和您的预期相差太大（比如，在看到最后得分的时候马上就想到"贵就贵一点，但还是想在市中心"），那就必须重新审视各个标准的权重和每个待选项在各个标准下的得分。有可能是某个标准被忽略了，比如按照"声誉和体面"这一标准，当然在市中心的房子得分会更高。

重要的是要明白，优先性并不是独立存在的，我们每个人的头脑里都有自己的标准系统。不同的人对待不同的工作，标准和权重都是不一样的。"更好""更差"和"更优先"的概念并不独立存在，它们是和具体的标准系统关联的。下面分享一个有趣的例子。

在给普华永道（Pricewaterhouse Coopers）审计员开设的一堂培训课上，我们以买车为例，研究了多重标准评价模型。当我们看到最后结果的时候，有一个学员很是惊讶："玛莎拉蒂（Maserati）不如欧宝（Opel）？"完全正确，对于这位买家来说确实如此。从他所确定的标准来看，"价格"的标准具有相当高的权重。如果降低"价

格"的权重，那么最后的结果就会变化，欧宝的
得分就会下降。

现在我来解释，为什么分析生活中简单的例子还要借助这种数学运算。注意，就算要采取一个简单的决定，我们也需要考虑9个参数（3个待选项乘以3个标准）。如果有4套房屋，5个标准，那么我们在做决定的时候就要考虑20个参数（4×5）。但人脑至多只能同时衡量5—7个参数。

所以，在靠直觉做决定和用直觉确定优先事项的时候，我们所能注意到的参数和标准要少得多，但事实上，我们需要考虑的却有更多。标准模型能让我们做选择的过程更加理智、更有组织性、更"透明"，能让我们同时考虑到更多的参数。

单纯地运用这一模型只需要花少量时间（10—15分钟，如果用Excel只需5分钟）。在采取重要决定时，这是必不可少的环节。在接下来的章节里，还会涉及运用多重标准进行评价的简单案例。

当前任务的优先级

在日常工作中，我们以何种标准来确定哪项任务需要首先解决，哪项任务可以放在第二位完成？每个人的头脑

129

里都有一个判断模型，并以此为基础衡量任务的轻重缓急。这个模型取决于职业、个性和众多其他因素，判断标准也不是唯一的。请尝试在您的"战略书签"上写下自己用来衡量任务轻重缓急的标准。

　　普华永道（Pricewaterhouse Coopers）审计员的经验可以帮助我们弄清楚如何确立优先任务。这对他们来说，是非常重要的，因为他们每个人都要处理大量项目，同时在几个经理的领导下开展工作，每个经理都会给他们布置任务。在培训时，每个组都确定了自己的标准体系。大致如下：

　　1.任务的来源和它的重要性（布置任务的领导的职级，对应于他布置任务的优先级）。

　　2.任务对于整体大局的贡献值（公司的目标，项目的目标）。

　　3.对同级别同事的工作的影响。

　　4.紧迫度。

　　5.对任务的个人兴趣。

　　6.难易程度、耗时程度（艰巨的任务总是第一位的）。

　　7.目前是否有可利用的资源（信息等）。

把您的判断标准写在"战略书签"上之后，您就可以每天把优先任务的安排情况和它进行对照，防止您不顾大局作出草率决定。

此外，如果您对标准有清晰的认知，那么您就能向下属、同事解释您做决定的系统方法，讨论做决定的确切过程：为什么这样作决定，为什么这样调整方案。

在探讨网站 Improvement.ru 的新设计方案时，我问技术管理员："我们要把文件菜单放到网页右边还是上面？"他回答说："我觉得我们应该放到右边，因为会更好看一点。"我说："好，但我会从以下五方面考虑：

第一，美学因素。我同意放在右边确实漂亮一点。

第二，工作量。最好是不要改变设计，把菜单放在它原来的位置上方。

第三，技术稳定性。菜单最好是从上方展开。

第四，对于不同浏览器的适配。最好是放在上方。

第五，人体工程学。存在争议，两种方案都各有优缺点。

所以，根据我的标准判断，最好是把菜单放在上方。那我们就这样做吧！以后在我提出类似问题的时候，请您清楚地写下这些标准，并根据它们给出自己的评价。"

您还记得经理的任务是什么吗？他的任务就是作决定。经理越是有经验，他就会用越完善的标准模型来指导自己作出选择。为了让您的同事作出更加有效的决定，请用构建判断标准的模型并将您的管理经验传授给他们。

总而言之，绝对"正确"的评价标准是不存在的。比如，在某次为哈萨克斯坦国家银行的高层经理举行的讨论会上，我听到了这样的标准："任务监管层有问题：是董事管理处还是银行行长，或者……"这个标准是国家银行特有的。您的公司或者部门也可能有类似的需要根据工作特性确定的标准。请和同事讨论并明确这些标准。

不要吝惜 15 分钟的时间来制定一个评价标准系统，您和同事作决定的时候可以以它为基础。这样一来，不仅能作出更正确的选择，正确的决定还能为您节省数小时、数周甚至数月的工作时间。

长期目标的优先级

怎样把时间花在重要的任务上？这涉及您对长期目标排出优先顺序的问题。同时以相同的强度处理十几件长期目标是不可能的。好比是，您想创业的同时，成为受欢迎的节目主持人，还照料五个孩子——您多半无法面面俱到。所以需要选择、规划优先事务。这并不意味着要永远放弃某些目标，重要的是，把握当下，确定哪些目标是最为首要的。

衡量长期目标最简单的方法便是使用5—7条关键的价值取向（参考前文记录"回忆录"时确定的价值取向）。比如，您从"回忆录"里选出4条关键的价值取向，并对它们进行权衡（比重在表格中），然后写下最近的关键目标：

任 务	个人发展 （0.3）	家 庭 （0.3）	职业发展 （0.2）	良好的物质条件 （0.2）	总 评
新建房子	2	3	1	2	2.1
培植花园	2	2	1	1	1.6
养育儿子	3	3	1	1	2.2
成为经理	3	1	3	3	2.4

133

接下来，和前文运用评价标准模型的例子一样，根据每个标准对每一项进行评价。在这个案例中，我只运用了最简单的三分制。一分：根据相应的评价标准，该项任务是无价值的，比如"培植花园"对您的职业发展不会有任何贡献；两分：任务的中等评价，比如，从家庭生活的角度来看，花园是有价值的，但并不是决定性的；三分：根据相应标准，任务具有极为重要的价值，比如，从物质条件的角度来看，成为经理是非常重要的。

然后对各项任务的分数进行测评。在右边的一栏里我们可以看到，根据所选择的标准和标准的比重，当下最关键的目标是成为经理，接下来则是养育儿子。如果改变标准的比重，那么最后的优先目标可能会是完全不同的。

在确定了长期目标的相对优先级之后，请分析您的日程本，并确认您在日常的时间预算中给每个目标抽出多少比例的时间。您会发现，在各个目标上花费的时间和它们的优先级其实是完全不符合的：最重要的事分得的时间往往却最少。

2005 年 4 月在新西伯利亚的一场讨论会上，某公司老板利用以下的标准为自己的个人长期目标确定了优先级：

1.这一目标在可预见的未来是主要的。这是核心世界观，不会随情况的变化而改变。

2.给予战略优势（"个人团体"的竞争力）。

3.可以是"永恒的决定"：可以系统地解决问题，为进行下一步提供基础。

4.可以让相关团队更和谐。

5.在我的世界观标准下能给我带来发展。

为了简便，这些标准并没有各自的比重（即所有标准都同等重要），在表格中标准以数字序号被标注在上方的横列中（从 1 到 5）。根据标准进行评分（三分制，从0分到2分），结果如下：

任 务	1	2	3	4	5	总 分
2005年12月31日前引进时间管理系统	2	2	2	2	2	10
2005年11月前增加40%的产量	0	0	1	2	2	5
和儿子改善关系	2	0	2	2	2	8

这位老板说道："这是我在研讨会上得到的最有益的成果之一。首先，我对标准进行了思考，确定了具体的标准，这是我作长期决定的基础；其次，我明白了，在一项关键任务上，也就是在改善和儿子的关系上，我花的时间和精力比应有的要少很多。"

建立个人时间管理体系的第六步

学会抛开多余的、强加于您的工作，用明晰的评价标准筛选关键任务，如此，您便能为主要任务找出时间。

总结：

——扩充您"拒绝策略"的储备。

——让周围的人学会坚决的拒绝。

——利用"合理的冷漠态度"和"三颗钉子"。

——"购买"时间，用职业服务替代您的个
人工作。

——委派任务，建立任务概览，进行积极的
管理。

——确定优先任务的标准，并使用它们。

——把任务交给下属或同事时，清晰地写出
您作决定时的标准模型。

——权衡您的长期目标并专注于其中的优先
任务。

7. 信息：如何管理混乱的信息

我们的房子让我想起来一个电视节目，

叫《什么？哪里？什么时候？》。

因为不知道躺在哪里，这一切什么时候结束。

——《酸奶村的冬天》

21 世纪是信息的时代，如今信息容量规模庞大、增长迅速。对于任何一个想在这个时代取得成功的人来说，构建"个人信息管理系统"是必不可少的。

这个系统既要能解决最简单的问题，比如"怎样在桌面上保存文件"；也要能解决最复杂的问题，比如"什么时候该学习、怎么学习、学什么""读什么、怎么读、为什么读""怎么在不确定中想出完美的点子"。

我们俄罗斯人非常自豪自己的基础教育体系，确实，其中有值得骄傲的地方，但我们必须牢记，教育并不只是一纸文凭，它不是终点，而是开始。一切事物都处在瞬息万变之中，需要不断学习。只有这样，我们在当今世界舞台上才能具有竞争力。我们需要系统地规划合理的时间来坚持学习。

有效的阅读体系

个人工作中的信息管理是从阅读体系开始的。

我们需要阅读。在培训时，我多次询问学员读了多少书、读了什么书。不久，我明白了，虽然我们宣称自己是最爱读书的民族，但现在怕是可以抛弃这个说法了（侦探小说和言情小说不计算在内）。

可能我说得过于直白，令人不悦。但是，在我看来，被电视麻痹的人是不会有个人成长和事业发展的。朋友们，让你们的大脑紧张起来，它就像肌肉，如果不锻炼就会萎缩。因此，建议您定一条规则：一周至少读一本正经的书，无论是商务类的，还是文学类的，这都不重要，重要的是，一定要让您的思维和感官运作起来。

现在我们来谈如何进行有效阅读。对于这个问题，最现成的答案就是快速阅读。但我对这一做法持怀疑态度，我认为，快速阅读首先适合专家学者，他们经常需要与大量信息打交道，比如信息分析员就是这样。如果我们并没有类似的工作需要，那么我建议您：读书无需多，读书要明智。

139

同样，我也不建议您采纳经典的时间管理学的建议，比如"沿着对角线快速浏览、忽略小字部分"等。我认为，"质量重于数量"这条老生常谈的规则在这里正好适用。

上大学的时候我曾尝试过快速阅读，但在我正式工作后，我感到了差别：快速消化课程内容和自由选择真正对你有用的书是不一样的。从那时候开始，我读的商务和学术文献都相对变少了（一个月5—6本的样子），而文学类书籍读得变

多了，虽然还未曾有意识地制订阅读计划。

阅读的时候我有几个简单的原则：

——购买的书目应是实际阅读量的五倍。需要有自由选择的空间，因为书籍的选择常常取决于内部的"机遇"（kairos）。

——尽量带着任务（项目）去阅读。比如，如果需要设计新产品，那就阅读关于品牌学的书；如果需要扩充人员，那就读关于人才选拔的书。这样，书就能在需要的时候为您出谋划策。

——从头开始阅读，但不总是要读完。有时没读完的书闲置半年到一年后，可以翻出来继续读。所有要读的书（新书和没读完的书）都放在一起，方便决定读什么。

以下是关于构建阅读体系的几条简单建议：

1.确保自己能够回顾有用的（关键的）信息。比如，在书签上写下页码和主要思想；将有用的页面复印，放入单独的文件袋；制作中心思想的直观简图并定期回顾。

2.立刻运用。读完一页，立刻把读到的东西运用到实践中去，再继续读下去。对管理类和其他实用性技术类书籍来说尤其如此。知识本身并不具有价值，反而知识越多、烦恼越多，只有运用到工作实践中的知识才具有价值。此外，如果立刻运用知识，就可以牢固地掌握它，而随随便便读过的东西则会"左耳进，右耳出"。

3.在阅读的过程中选择优先内容。我认为，您可以选择 2—3 章确有需要的内容，阅读并深入思考，汲取最大的收益，这比肤浅地浏览整本书更为有益。

爱德华·法利托夫，"俄罗斯标准"集团（Russian Standard Group）的战略发展部经理，说道："我很久之前就发现，有时您能在某些人的身上学到一些东西，但会面的时间太短，来不及消化。后来，我发现，可以问他最喜欢的书是什么，这种做法很有意义。当他说出一到两本书的时候，大概就可以明白，他是从哪里获取重要知识的。

于是我就有了一个书籍清单，上面写有我想读的书。

我遵循两个原则：

——从不连续阅读两本相同主题的书。也就是说，假设开始读的是心理学方面的书，那么之后就读商务类的，然后再读文学作品。

——在图书清单中列出一个顺序。如果我敬佩的人提到过某本书，我就把它放在清单上部；如果有两个人提到过同一本书，那么就要优先阅读它。"

141

电视与新闻

请您说说，伊拉克战争对您现在的工作和生活有什么影响？如果您的公司和中东没有合作，您也没有亲戚在那里，那么，准确地说，它对您就没有任何影响。

就像时间管理培训中的某位学员说的那样，既然没有影响，何必"把您的脑袋变成垃圾桶呢？"古代的智者说："知道得越多越痛苦。"我们的教育给我们灌输的观念是：知识本身就是一种价值，对此我深表怀疑。

斯蒂芬·柯维（Stephen Covey）在自己的时间管理经典书籍《高效人士的七个习惯》（*The 7 Habits of Highly Effective People*）中提供了一些很有用的概念，比如"影响圈"和"忧虑圈"。通常"忧虑圈"要比"影响圈"更宽，您为什么要为那些根本不会影响您生活的事和您不能改变的事而忧虑呢？为什么要去了解这些事呢？

拒绝过剩的知识，例如，不去读八卦娱乐新闻，不去看灾害报道，并不简单。您或许可以这样安慰自己：世界上的信息呈指数增长，无论如何都无法获取所有的信息。

当您看电视时，这些简单规则可以帮助改善：

1. 如果有可能，把感兴趣的节目录下来，然后在方便的时候回看（这样看的时候还可以跳过广告）。

2.试着减少将电视作为背景音的时间（早晨收拾的时候，做家务的时候……）。如果您无法在安静的环境中独处，那么这就是您对自己不感兴趣的表现，您无法和自己保持沉默（请回忆一下，相爱的人和朋友是怎样互相保持沉默的）。最好在这个时候听听音乐、书籍音频，也可以看看您录下来的感兴趣的电视节目。

3.把遥控器藏得远一点。很多研究者认为，无意识地切换频道类似于吸食毒品的行为。

类似的方法也适用于其他的新闻资源。请如实回答这些问题：我需要这样的信息吗？还是我只是在用信息的喧闹填满内在的空虚？空虚的原因是不是您感觉不到生活的目标和欠缺达成目标的动力？

阿列克谢·巴比，时间管理协会（TM-Society）的成员、麦仕沙发（MaxSoft）克拉斯诺亚尔斯克的项目经理，分享了他的经验："当我确信看电视带来的害处大于益处时，我给自己设置了限制，每天看电视不超过半个小时，也就是每个月15个小时。每天我都会单独记录下花在看电视上的时间。如果达到了15个小时，那么直到月底我都没有权利再看电视了。最后我采取了非常强硬的措施，在一周开始的时候我会浏览节目指南，选择想看的电影和节目，总共3个小时，

在余下的时间我就完全不看电视了。其实，就应该这样来看电视……"

过滤电子邮箱

我们已经讲到了书和电视，那么现在该回到办公室，处理我们现在最重要的信息来源之一——电子邮箱。

电子邮箱是一种非常好的工具，但很多人暂时还没有发现它的价值。它在时间管理上的优势就在于，它不需要即时的沟通，您可以在方便的时候发邮件，而对方可以在他方便的时候读邮件。这比用电话或者当面交流更加方便，因为这两种方式都需要交流双方同时出现。鉴于邮箱的这一优势，所以在处理对所有人都不算紧急的任务时（即至少可以等一天的任务），最好用邮箱，而不是电话。

如果想高效地利用邮箱，建议您掌握用十指盲打的技术。只需要两周，每天花上一到两个小时来学习这项技能，您就能自由地打字了。其实，问题不在于速度，而在于自由：当打字对您来说就像说话一样轻松，您就能更有效地利用邮箱，从根本上获得更多客观的时间收益。

使用电子邮箱难免会收到垃圾邮件，这些垃圾邮件让您的收件箱中堆满了广告。电子邮箱中的垃圾邮件，可能是所有问题中最容易解决的，即便不使用垃圾邮件过滤器，手动删除几十个广告也不过半分钟。如果您被广告题目吸引，删除过程花费了您过多时间，过后又因为浪费时间而生气，那么，这很可能是因为您没有很好地认识到自己的优先任务是什么、长期目标又有哪些。如果人能清楚地认识到自己的目标，那么各种垃圾信息就很难把他从当下的工作中吸引过去。

只有当您用手机登录邮箱，受限于网速下载和删除垃圾邮件变得很困难时，垃圾邮件才会变成一个现实的问题。如果您经常遇到这种情况，建议您创建一个单独的邮箱，不要在任何地方公开这个邮箱地址，只告知重要的同事和领导。

屏幕角落里弹出的来信提示，其实是更严重的问题。的确，不管我们做着多么重要的事，"您有新邮件"的消息马上就能刺激大脑的神经中枢。重要的事情马上被搁置一边，而新邮件，实际上也没有想象的那么重要。

不妨可以关掉来信提示，如果您的工作不是通过邮箱处理订单的话，那么就请毫不犹豫地关掉它。设置邮箱自动查收的时候，不要多于一小时一次（Outlook 默认每几分钟一次）。最好还是您自己来查收邮箱，不要使用自动工具。

根据公司项目的经验，查收邮件的最佳频率是每天

145

3—4 次。这个时间最好能够固定下来，让您的同事也都知晓。您查看邮件的时间和某个工作循环结束的时间最好相匹配，比如，午饭前的半小时或者是一天结束之前，在工作循环开始的时候应该做更重要的工作，要避免把时间浪费在一些小事上。

有时候则需要更频繁地查看邮箱，比如，您的上司白天给您发送多项紧急任务。就算在这种情况下，依我看，一小时查看一次，或者最多半小时，也完全足够了。如果连半个小时或者一个小时都无法等待，那就是紧急情况了，他很可能就直接给您打电话而不是写邮件了。顺便说一句，最好和同事约定：真正紧急的问题用电话通知，而其他问题都通过邮箱发送。

亚历山大·蒙德鲁斯，普里托尼特（MC-Bauchemie-Russia）公司的首席执行官（CEO），在时间管理咨询会上关闭了邮箱自动下载功能，明确了收邮件的时间：中午、下午3点和下午6点。并且在前两次收邮件的时候只回复最紧急的邮件，其他的则在晚上6点之后回复。这样，花在处理邮件上的时间大大地减少了，更重要的是，白天分散注意力的影响也大大地被削弱了。

如果要减轻自己的工作，那么可以创建一个邮件自动分类，任何一个邮箱程序都可以做到。根据您的关键事务或者关键人物设置一些文件夹，并开启自动的邮件分类，让邮件分别进入这些文件夹。这对于非紧急信息尤为方便，比如，广告邮件、信息邮件、下属的非紧急报告等。

如果不能按照邮件中已有的标志(比如发件人的地址)建立分类，那么就请和同事约定一些简单的标注，例如，某 IT 公司的部门经理，他让所有的同事在发邮件时，把可以等待一天的问题加上"*"号，然后自动分类就会将这些邮件放入单独的文件夹。在白天他不会读这些邮件，在第二天的部门会议上再口头回复这些问题。这样，他就极大地节约了白天解决小问题的时间，给需要集中注意力的关键任务留足了时间。

在 MS Outlook 里除了自动分类，还可以用颜色对信件进行标注分类。培训中的一个学员是这样设置的：老板的邮件用简单的经典字体标出，标成蓝色；其他人发的邮件用浅紫色的雅体字标注……

在"银行24"网站（Bank 24.ru）的集体培训上，我们想出了一个管理邮件优先级的简单规则。有些人发来的邮件永远都标注着紧急，他们这样毫不费力，可是收信人无法判断，哪些才是真正紧急的重要任务。于是，大家约定好，每个

人每天只能给自己的同事发一封紧急邮件。发件人自己来决定，给哪个任务标注为紧急。

还有一个问题：有些人发邮件不写标题，收件人完全不知道要不要立刻读这封邮件，到底紧急不紧急。于是，大家约定：如果收到没有标题的邮件，可以直接删除。如果出现了问题，发件人承担全部责任。

作为管理工具的电子邮箱

我强烈建议您把邮件分类放进几个文件夹内，全部保存下来，有些需要再次阅读的邮件，就可以留在收件箱里。在我们为总经理们提供的个体服务中，清理收件箱通常是首要任务之一，大概在一两周之内，邮件数平均会由1000—2000封减少到50—100封。

取得这个结果得益于对文件夹的管理，这些文件夹是这样的：

1.收件箱——15—20封邮件，提醒您近期的重要问题（这些问题每天都要看几次）。差不多需要每天一次点开这个文件夹，在里面保留一些邮件，其他的分发到其他主题的文件夹里。

2."每日管理"文件夹——放入这里的任务是处于您

的监督之下的。文件夹每天查看一次，以便回忆起需要特别注意的问题，在必要的时候可以提醒任务执行者。

3."每周管理"文件夹——每周查看一次，这里面包含的任务需要您来监管，但并不需要特别注意，因此属于每周管理，而不是每日管理。

4."参考"文件夹——里面是有用的信息、各种网站的登录密码，以及可能会用上的各类服务信息（比如疗养院的广告）等。

5. 特定背景文件夹（Context-specific Folders）——根据上级紧急的"时机"（kairos）进行分类。比如，我有一个特定的背景文件夹叫作"项目改进"，里面保存着和网站作者的通信。在编辑新的文章时，我就会查看这个文件夹，这能让我预测接下来会发布哪些新东西，还能提醒作者注意创作计划。

当建立好这样的文件夹管理系统后，您就可以将电子邮箱用作管理工具了。这个功能比电话和当面交谈更有价值，它能将计划和约定具体化、形式化。人的记忆是善变的，它可以轻易地为了当前的需要而改变过去。如果您的计划和约定有电子邮件记录，那么在出现分歧的时候也能更方便地解决问题。这就是为什么我强烈建议，就算问题已经通过电话解决，也还是要发送一封带有细节、要点的邮件进行确认。

149

保存文件的方法——限制性混乱

前文我们已经讨论过处理获取到的信息的方法，现在让我们来研究如何保存这些信息。我们每个人都有自己的信息流：纸本文件、收件箱、电子文件等。我们的工作越复杂，信息流就越猛烈，也就越需要慎重地创建一个保存信息的系统。

如果您想把所有东西都"最终打理规整"，该怎么做呢？我们通常会坐下，深思熟虑后创建出一个结构，我们会准备很多文件夹，然后给它们贴上标签。

一段时间之后，这个结构开始出现问题：某个文件夹最初就只有两份文件，到后来也还是只有这两份文件；而另一个文件夹的文件却在不正常地飞速增加；还有一些文件，我们起初把它们放到某个文件夹里，后来又移到了另一个文件夹中，最后完全搞不清楚哪里可以找到这些文件。

最终，"革命"爆发了，我们不得不把所有文件夹的文件都倒在地上，然后花半天时间来理出新的结构。

这种做法的问题在哪里？问题在于，您试图用大脑立刻就创建出一个唯一正确的结构。然而，有效的做法是，通过限制混乱来培育新的结构。

在了解这个方法前，请思考：为什么会有人践踏草坪？通常这并不是出于恶意，而是因为道路的设计者没能预见到，人们走哪条路更方便。

在文明的国家，道路的铺设并不是靠大脑凭空想象的。起先，设计者会去观察人们是怎么踩出小路的，然后才会铺路。这样一来，铺好的路可能会非常曲折，但这才是最佳选择，因为这是以实际生活为基础的，而不是凭空想出来的。

在创建保存信息的结构时，我们也可以利用同样的方法。一开始我们让信息自己"生长"，之后再来"铺路"。

限制混乱的方法如下：

1. 创建一个"混乱区"——即获取到的信息的储存处，然后在里面放入所有的文件。

2. 在头脑中比较一下"混乱开销"（用来找文件的时间）和"秩序开销"（用来整理和保持秩序的时间和精力）。

3. 当"混乱开销"过大时，也就是"混乱区"太大的时候，就可以迈出整理的第一步了。从混乱的文件中清理出最容易区分的文件类型（"A项目""约翰""供货商""财政文件"），然后把这些文件分别放到单独的文件夹中，从此刻起，所有这一类型的文件都放到新的文件夹中，而剩下的其他文件依然放在信息储存处。

当您进行这一步骤的时候，在"混乱区"（信息储存处）

旁就会逐渐形成"秩序区"。从文件数量和文件内部结构来看，它都会比您凭空想出来的结构更为简洁，使用起来也更加方便，您会更加清楚哪些文件应该放在哪里，哪些文件可以在哪里方便找到。

asvnckjxa	a	b	c
lsdfvfggsl	a	b	c

"混乱区"　　　　　　　　　　　"秩序区"

这个结构之所以简便好用，是因为我们没有凭空构想唯一的正确秩序，也没有将我们的生活硬生生地套进这一秩序。开始的时候，我们观察自然而然出现的东西，然后再逐渐地一步一步来"铺路"。

在维姆-比尔-丹公司（Wimm-Bill-Dann）的培训课上，一位参与者讲述道："我有一个厚厚的文件夹，里面装满了所有能想象得到的东西。所以我决定把它分成六个不同的文件夹，但其实这样做并不方便。渐渐地，我简化系统，将几个文件夹合并在一起了，比如'合同'文件夹和'供货商'文件夹联系得其实非常紧密，所以那些和它们有关的资料放在一个文件夹里更为方便。这样，在我的系统中最后只剩下了三个文件夹。"

创建总体"混乱区"的第一步是正确的，不过在这之后需要从这个"混乱区"里创建出一个完整的系统，而这个系统当然也不可能是完全合适的，之后它还需要再简化。如果在"所有能想到的"文件中逐渐排出秩序，那么很可能这个文件夹立刻就能简化到两到三个小文件夹。

作为"形成秩序"的第一步，我建议从最优先、最重要、最关键的文件开始。比如您的办公桌可以一片杂乱，但是财务文件一定要放进一个专门的文件夹。玛琳娜·弗拉季在弗拉基米尔·维索茨基回忆录中举了一个有关"秩序第一步"的例子："弗拉基米尔可以把任何东西都送给别人，他周围是一片混乱，但他会把自己的手稿保存在不同颜色的文件夹里并放在办公桌上，谁也不能碰这张桌子和这些文件夹，只有那里是井井有条的！"[1]

---

① 玛琳娜·弗拉季：《弗拉基米尔，或是夭折的飞翔》，苏联作家出版社 1989 年版。（Marina Vlady, *Vladimir or The Interrupted Flight*, Moscow: Soviet Writer, 1989.）

创意索引卡

前文我们已经探讨了管理"一般信息"的话题，现在我们再来谈管理"创造性信息"。如果您需要处理大量的非常规问题，例如，构思新产品等，那么您就必须要有系统的方法去管理思想和创意。

如果我们熟悉的日程本、计划书属于处理任务的系统，在个人工作中属于"秩序区"，那么创意索引卡就属于"混乱区"和解决问题的系统。两者的区别在于，问题需要"成熟"，创意索引卡能够为问题的"成熟"提供必需的营养基础。

创意索引卡作为工具，为众多学者和作家所熟知。现如今，这一工具对经理们也越来越有益。以下是使用创意索引卡的基本原则：

——想法的"物质化"。想法可以写在卡片上，记录在录音笔上或者Outlook的便签上，以此来实现物质化。如果想法没有及时物质化，那么想法就会丢失。经常会有这样的情况：几年前记录下来的自己的或者他人的想法，突然灵感迸发、发挥作用，这正是得益于将想法"物质化"。

——索引的"形式化"。每一个想法都要有一个物质的载体。只有如此，在例行浏览"混乱区"的时候，各种想法才能互相碰撞。老板一年前提出的宝贵意见、一篇早就遗忘的文章摘抄、自己两周前的想法——它们在互相碰撞、交汇融合时，就会激发出新的灵感火花。正如时间管理协会的一名成员所说："在创意索引卡里看着别人的想法变成自己的创意，这是一件非常愉快的事。"确实，别人的想法就像燃料，它们相互碰撞、燃烧，能帮助您产生自己的想法。

——"混乱区"。开始的时候，要把所有的想法都汇集到一起储存、定期查看，无须立刻就按主题进行分类，牢记这一点尤为重要。创意索引卡的关键就在于不同想法之间自由地相互作用，如果在一个想法周围产生了一个完整的思维方向，那么这时就该把它放进单独的文件夹。当文件夹里的想法储存得足够多时，就可以把所有的卡片倒在桌上，按逻辑顺序把它们分开放置，如此理出一个结构，得到最后的成果。

在解决复杂、棘手的问题时，不要急于把您在管理课上学到的东西运用到它身上，也就是说不要急于确立明确的目标、把问题分化为小任务、建立时间框架……这些用处并不大。不妨在创意索引卡上写下一个思考方向，然后再把所有的想法（无论它们有多奇怪）以及与主题相关的信息都放进相应的文件夹。过一段时间后，棘手的问题就会自然而然地"成熟"，那时就可以把它变成任务，然后再把它从索引卡上转移到计划书里。

控制注意力的方法

在一天紧张繁忙的工作中，我们收到大量的信息，大脑因此嗡嗡作响："别忘了提醒……；抽空去一趟……；约翰回电话的时候，和他讨论……"结果，压力过大、紧张焦虑、无法集中注意力。

当我们把所有任务具体化、形式化的时候，办公桌上就铺满了各种便签和备忘录。但问题是，人的注意力是有限的，就像时间一样，注意力也是一种非常宝贵的资源，所以需要妥善地利用它。工作场所的混乱状态会分散注意力，让人无法集中精力处理最为重要的事情，忽略重要的文件和工作备忘。

让我们来研究一下，人的注意力是怎样运作的。

——在同一时间内，人的注意力只能有效地运用于某一件事：某项工作、某个想法、某个文件。

——人的前意识可以控制5—9件事，在解决某个关键问题时，您还能记住5—9件其他事，再多就不可能了。

——人的潜意识能同时处理大量的事务。当您集中注意力处理一个问题时，潜意识在处理着所有其他问题。重要的是，不要影响潜意识的工作，也不要试图同时解决所有的问题。

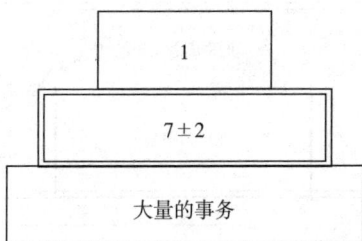

工作区域的组织结构要和注意力的结构相符合，您可以把工作区域（桌面、贴有便签或者钉有文件的工作板）分成三个主要部分：

——注意力中心。这里只能有一件当前正在处理的事务（文件或者是备忘录）。

——近距离前意识区。该区域可以有不久之后需要处理的5—9件事务。

——远距离潜意识区。此区域包含剩下的所有其他事务。

在这里，我们需要摒弃一条经典的原则："每件事都要放在对的地方"。办公桌上并不一定总要井然有序，但一定要严格区分：注意力中心、近距离前意识区和远距离潜意识区。

控制注意力最主要的规则：如果有一件事务靠近了注意力中心，那就一定要从中心移出另一件事务。

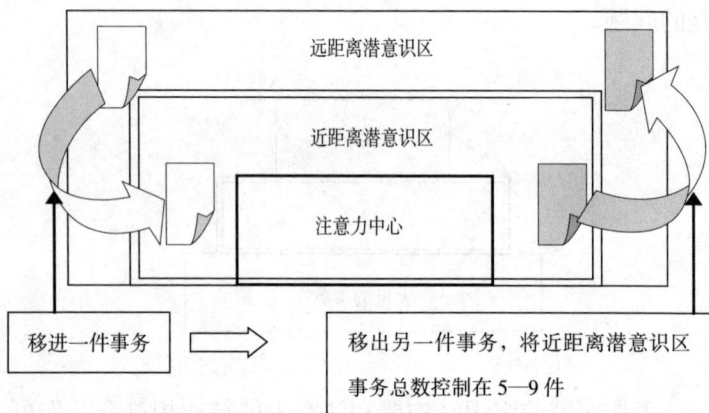

| 远距离潜意识区 |
| 近距离潜意识区 |
| 注意力中心 |

| 移进一件事务 | ⟹ | 移出另一件事务，将近距离潜意识区事务总数控制在 5—9 件 |

比如某件任务现在对您来说变得更为紧要，那么您就要把相应的文件夹移进前意识区域，同时要从前意识区里移走一些变得不那么紧要的任务。这样，在近距离前意识区里的文件、备忘录总数一直保持在前意识能够控制的5—9 件之间。

这一方法能保证您的注意力得到最大限度的利用。您的注意力集中在中心，也就是重要的文件上；前意识里还储存着 5—9 件近期需要处理的事。

举一个我个人在实践中控制注意力的例子。

我通常用 Outlook 来订计划，但白天我喜欢把关键任务都写在彩色便签上，这能激励我、令我愉悦。一旦完成一个项目，把便签撕碎的感觉也很舒爽。

在笔记本电脑的外壳上，我最多只贴 9 个便签（我使用外接键盘）。一旦开始工作，电脑外壳很快就会被塞满。如果再有新项目，我就把它写到便签上。不过，有些项目必须要拿走，放到远距离潜意识区里（笔记本电脑旁边的地方），这样才能把写着新项目的便签贴到笔记本电脑上。这样一来，我保证了前意识区域里的便签不超过9个，而且我需要的也能及时找到。

这就类似于日本管理仓库库存的方法——"看板管理"法。给每个部门分配仓库的特定区域，在地上用清晰的界线划分开。每个部门可以任意处理这些库存，但是不可以越过边界占用更多的空间。换句话说就是：不管怎么做，只看结果。

159

管理办公桌

个人信息管理的一个重要方面就是办公桌的管理。这是您度过自己生命大约三分之一时光的地方，各种信息流也在这里汇集。在讲完限制混乱和控制注意力的方法之后，我建议您采用更为简单的方法来管理办公桌。

将控制注意力的方法运用到实践中，那么在桌面上：注意力的中心通常是电脑显示屏（有时是手机屏幕），在注意力中心旁边直接就是前意识区。在前意识区里除了便签之外，经常还会有回形针、计算器、笔筒等类似工具。但这些东西完全起不到提醒作用，甚至还会分散注意力。有时，一些笔记本也放在这个区域，但它们只有在您需要找电话号码的时候才会用得到。以上所有的这些东西都不可以占据前意识区，您应该清理一下，只保留下5—9个关键项目（便签、名片、文件），提醒您牢记优先工作。

因此，整理办公桌的第一步就是明确注意力中心和前意识区，将所有无关的东西清理走，只留下5—9个项目（便签、名片、文件）。通常，可以考虑将屏幕与键盘之间的空间作为这一标志区域。当然，这只是一个大致区域，您可以根据自己的喜好、舒适度和工位特点来进行调整。

接下来，就需要在标志区域旁找出一块地方作为潜意识区，来放置您从注意力中心和前意识区内移出的便签、名片、文件等。每天工作结束时都需要清理前意识区域，潜意识区域则可以一周清理一次。

另外，还有一个不错的做法：在标志区域旁边，双手活动范围内，设置一个单独的区域，放置可能需要的工具，比如，计算器、回形针、电话、文具、参考指南……所有这些东西既要方便取用，又要清晰地和标志区域分开，不能分散注意力。

电话 文具 计算器 参考指南	注意力中心——显示屏	潜意识区
	标志区域（前意识区）	

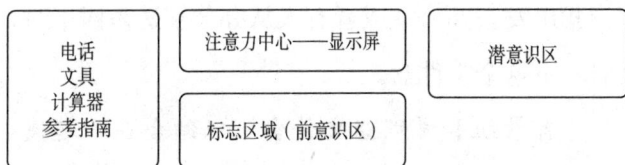

在划分出注意力中心和标志区域后，下一步就需要规划文件的"混乱区"了。我把它称为收件箱、发件箱，白天就把文件放到收件箱里，积极处理，处理完就放到发件箱。因为有了发件箱，在处理完文件后，无须立刻考虑把它放到哪一个具体的文件夹内，可以等到晚上再把发件箱的所有文件取出，分门别类放到相应的文件夹内。当然，如果您能够轻松地即刻就把文件塞进正确的文件夹，那就放过去，无须使用发件箱。

在发件箱旁边，最好再放一些文件盒或者是文件架（如果空间允许的话），晚上把发件箱的文件分开放到里面。文件盒可以分成两组：管理组和背景组。

管理组的使用原则和电子邮箱里管理文件夹的原则一样："日管理"和"周管理"。这两个文件盒按照相应的周期定期查看，文件盒里的文件是需要积极管理的。另外，您也可以再添加一个文件盒，作为"月管理"。

背景组管理文件时，则所依据项目、任务和其他的"时机"（kairos）。比如，在我书房的办公桌上就有一个"时机"文件盒，放着需要拿到办公室的文件。

当我出发去办公室或者有人从办公室送东西来时，我都会看一下这个文件盒。

　　背景组和管理组文件盒可以结合在一起使用。亚历山大·谢留金，俄罗斯联合电力系统（United Electricity Systems of Russia）IT 部门的副经理，在上完时间管理课程后，按照以下方式管理文件盒：第一，和部门相关的文件每天查看一次；第二，和重大项目相关的文件每周查看一次；第三，和电力工业改革以及其他主题相关的具体文件每月查看一次。

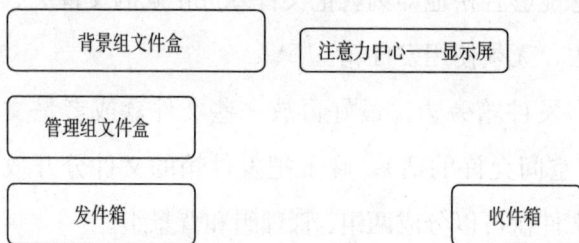

背景组文件盒		注意力中心——显示屏
管理组文件盒		
发件箱		收件箱

　　我们如此排列文件盒、文件架，是想让文件在白天工作时都从右往左流转，最后再从发件箱到具体文件夹。我觉得这样更方便，因为白天的工作主要是处理收件箱，而且用右手处理这些文件也更顺手、更利索，左边放电话和其他工具。当然，顺序倒过来也可以，收件箱放左边，这个顺序更接近于我们在读写时从左到右的习惯。

　　最后，在办公桌上或者桌子的旁边（墙上、柜子的侧面）可以放一块计划板贴便签。便签按照"时机"（kairos）、背景（人物、地点、项目）分成数组，也可以记录参考信息（比如同事的电话号码）、长期计划的要点（比如关键项目的图表）和常规工作概览表。另外，还可以放一块额外的白板（可以是一张纸、软木板或者一面墙），可以贴上梦想的房子或轿车的照片、激励人的话语、家人的合影等能够催人奋进或是放松片刻的东西。但我们不建议把它放得离注意力中心过近，因为如果渐渐习以为常就会选择忽视。而如果放在远离注意力中心的地方，当无意中瞥到，您的大脑就能暂时忘却恼人的问题，享受片刻的放松。

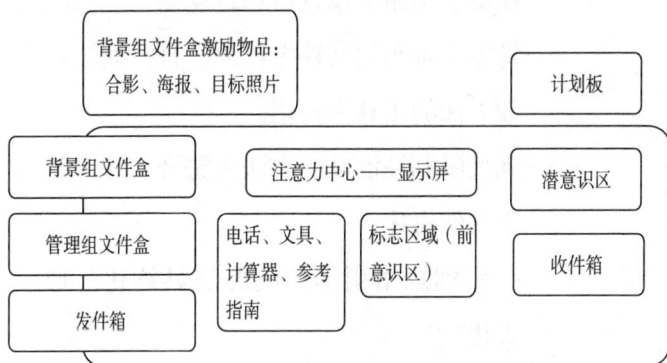

如图所示，我们将上文内容用图表直观地呈现了出来。您也可以考虑一下信息流的方向，为办公桌制订一个管理方案。

这样一来，您就能轻松应付混乱的工作信息，不会浪费过多精力进行琐碎的管理。

建立个人时间管理体系的第七步

采用过滤、保存、转移信息的技术方法，让信息处于您的管理之下，避免过分琐碎。

总结：

——用适当的节奏和方法来阅读商务书籍及严肃文学作品。

——筛选、过滤从媒体中获得的垃圾信息。

——在电子邮箱里设置自动过滤器。

——将电子邮箱的文件夹作为"日—周"管理方法的工具来使用。

——利用限制性混乱的方法来整理文件，使之井然有序。

——制作创意索引卡，使思想具体化、形式化。

——根据人的注意力特点划分信息管理区域。

——在您的办公桌上整理出标志区域、收件箱、发件箱、背景组文件盒和管理组文件盒。

8. "时间海绵"：怎样挖掘时间资源

服务说明：

基于对工作时间利用效率的分析，

为了提高劳动生产效率，

我提议将公司员工的办公室搬到吸烟室。

报刊、电视等媒体经常报道，俄罗斯的自然资源过度开采、肆意浪费，其实我们的时间资源也是如此。普遍的自由散漫、官僚式作风、蔑视他人时间……每年都夺去数亿个小时的资源。

请算一算：为了拿到一份文件，如果每个人每年花费一小时，那么加在一起，我们每年就会损失数亿个小时。然而，在一年之中我们每个人在费时费力、毫无意义的事情上面，耗费的宝贵时间远不止一小时。

您是否还记得，我们每个人的生命都只有 20 万—40 万个小时。如果把数亿、数十亿被浪费的时间换算为人的生命，那么我们不由得会想起布痕瓦尔德、奥斯维辛集中营。如此规模的生命的消逝，并不是因为某种暴行，只是我们不知道：该怎样计划时间，怎样合理制订目标、达成任务，怎样杜绝官僚作风。

丹尼尔·格拉宁（Daniil Granin）在《这奇怪的生活》（1974 年创作，该书开启了全国性的时间管理运动）一书中写道："人类与时间如何理智相处，这一问题变得越来越现实。这不只是一个简单的经济问题，这个问题能发人深省，帮助我们理解各种行为的意义。时间是人民的财富，如同矿产、森林、湖泊等资源一样，它们可以被合理地利用，也可以被毁灭。迟早学校会教育孩子们学习利用时间的方法。笔者深信，从童年起就应该培养孩子热爱自然、热爱时间，教会他们如何珍惜时间、挖掘时间，最重要的是学会思考时间。”

我们不能在一夜之间改变周围的世界，但我们可以改变自我：挖掘时间储备、减少溜走的时间、合理地利用时间资源。

时间记录

在研究典型的方法之前，我们先来探讨对付“时间小偷”的通用方法——记录时间。这包括对已经花费的时间的计算和分析，是俄罗斯国内传统时间管理学的特色，它能够帮助您对时间进行“审计”或者“盘点”，让您明白，时间到底花在了哪里。

167

进行时间记录并不困难。任意选择一个方便携带的笔记本，从早晨开始就在笔记本上记录下一天内做的所有事，每半个小时到一个小时翻阅一次，把所有事情细致到以 5—10 分钟为节点。您可以这样记录：

9∶05——坐到办公桌旁查收邮件

9∶15——喝一杯咖啡

9：25——开始处理报表

9：35——彼得罗夫来了一趟，一起讨论了国际局势

11：15——继续处理报表

……

开始的时候，您可能会忘记记录，但不要灰心，不要放弃，就从当前的时刻向前回想。不用几天就能养成习惯，记录也会变得顺畅起来。

如果您在工作中有不少分心的情况，那这就不用记下来了。持续时间不足五分钟的事情，无须记录。短暂的中断和分心在空白处标上小钩，一天结束后，再来数一数小钩的数量，乘以2—3分钟，那么您会得到一个不易察觉但又令人讨厌的"时间小偷"的数量。

这样，您就得到了自己的一日画像，记录着花费时间的客观数据。记录必须要持续进行几天，最好是3—4周。然后每个季度进行一次一到两周的时间记录，保持紧张状态，及时改正个人时间预算中的偏差。有一些爱好者（我就属其中之列）坚持几年进行连续不断的时间记录，这是个人偏好问题。

其实，在您还没有开始分析得到的数据之前，记录过程本身就已经非常有益了。它能给您正面的压力，产生对时间的紧迫感，随时提醒着您时间没有得到有效利用。您需要平静地对待这一压力，无须担心，不要急于立刻去改变什么，不要羞于为自己去找时间：不管工作过程是否合理，储备时间永远都是可以找得到的。

我最早期的一个客户，当时是 Diasoft IT 技术支持的经理，谈到时间记录对他的影响时，说道：

"在和哥蓝布·阿翰思奇认识之前，我认为自己相对于周围的人，尤其是下属，简直是理智、高效的典范：我获得了两个高等教育学位，有成功的事业、光明的职业发展前景，热爱运动，掌握外语。我确信自己知道如何规划时间，还能教会其他人。周围的人都知道，类似于'我没有时间做这件事'这样的理由在我这里是行不通的。但是，在研究完哥蓝布·阿翰思奇推荐的书之后，我还是决定尝试一下，于是便根据他的建议开始记录个人时间的花费情况，我发现：

第一，我找到了相当数量的个人时间储备。如果在进行时间记录之前，有人告诉我有如此多的时间储备能够自由支配，我会把它当成冷笑话。但这的确是事实，我每天大约有两个半小时被浪费在了'处理外界的干扰'和'重复早已完成的工作'上。

第二（也是最重要的），我强烈地感觉到身边工作程序的低效，出现了所谓的'时间紧迫感'，这种感觉又很快转变成了'效率感'，对周围低效的工作有些许不快。

169

结果，我就在公司里、在自己身边建立了一个'效率区'，在这个空间内，周围的人只有高效地利用时间才能感到舒适。

最终，得益于此，完成测试操作的标准用时减少了40%。这样一来，新版系统的测试只需要 6 个工作日就能完成，而不像以前那样需要两周。我想强调的是，能获得这样的结果，完全归功于部门成员自己对标准工作程序的优化。"

数据监控

在管理层中流行着这样一句话："如果想管理，那就先评估。"这句话用在个人工作中也是恰当的，如果您想优化时间安排，减少花在"时间小偷"上的时间，那么就有必要使用量化的评价指标。

为了制订量化指标，必须要用到时间记录数据（参考前节），但有些测量数据在没有进行时间记录的情况下也可以运用。我们从第一条开始，利用时间记录可以得到关于以下问题的数据，比如：

——多少数量（或多少百分比）的时间我用在了长期优先项目上？（通常这占用工作时间的 20%—30%；希望将百分比提高到 60%—70%）

——多少时间我花在了那些原则上可以分派给其他人，但不知为何我亲力亲为的事上？（经典的时间管理理论认为这一指标不应该高于10%）

——多少百分比的时间我花在了“时间小偷”上？（指标经常会高达50%，通过两到三周的时间记录即可将它降到10%—20%）

晚上，拿出在时间记录过程中形成的一日画像，标出属于长期优先任务的事项、本来可以分派给他人的事务以及“时间小偷”。

9∶05——坐到办公桌旁查收邮件

9∶15——喝一杯咖啡

9∶25——开始处理报告（优先）

9∶35——彼得罗夫来了一趟，讨论了一下国际局势（“时间小偷”）

11∶15——继续处理报表

……

请计算一下每件事务所花费的时间有多少。比如，优先长期事务花费2.5小时，“时间小偷”花费1小时45分钟。

接着，是最有意思的，每天都务必在图表里标出这些数据。横坐标是一周中的每一天（周一到周五），纵坐标表示花费的小时或分钟数：

171

"时间小偷"耗费的时间

每天花费的时间（分钟）

| | 周一 | 周二 | 周三 | 周四 | 周五 |

星期

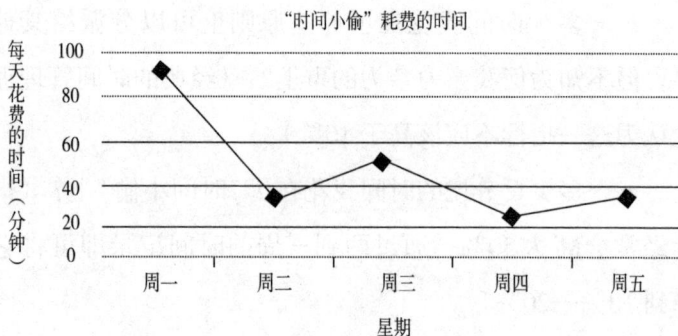

人的心理就是如此，只有开始对某种数据进行直观记录，这个数据指标才会开始改善。耗费在"时间小偷"上的时间开始减少，用在优先事务上的时间就开始增加。表格上的直观变化能推动您进行持续改善。

在一家我们曾合作过的银行里，会议常常持续两个多小时（3—4小时也很寻常）。这就是一个"黑洞"——银行业务停滞，无法处理文件。如果这时拿着文件去签字，性格外向的领导甚至马上就会邀请您："伊万诺夫先生！我们正在讨论一个问题，就差您一个了，快来加入我们吧。"

最后，我们想了一个简单的办法：在墙上钉一张大纸，秘书在纸上记录每场会议的持续时间。一股运动般的热情在管理层中涌动。一周之后，会议时长就已经降到两个小时了。

另外，还可以用更细致的方法：不记录会议

时长，而是记录总工时（会议时长乘以参会者人数）或者用参会者每小时的平均收入来计算会议的大致“价格”。

我们谈到数量指标，要得到数据就必须进行连续的时间记录。开始时，这可能会有些困难。在这种情况下，建议您参考以下指标，监控这些数据并不需要耗费整整一天：

——每天用于优先项目的时间；

——用于“资源活动”的时间——兴趣爱好、体育运动、休闲散步、陪伴家人；

——每天工作时间外的加班时间；

——和您不喜欢的人沟通交流的时间等。

不难发现，记录前两项指标的目的在于增加它们的量，记录后两项则是为了减少。这些指标并不需要连贯记录，只需在一天之中记下特定的工作时间，比如，花在优先项目上的时间。在一天结束的时候，如上所示，把时间累加在图表上直观表示。

建议同时使用的指标不超过 3 个。当指标已经达到了您所需要的水平（比如，花在“资源活动”上的时间不少于一天一小时，或者和不喜欢的人谈话的时间每天不超过半小时等），那么就可以停止对该项指标的监控，可以另寻新指标作记录。指标的制订也是一项创造性工作，以上

173

所列举的内容只是一种范例，您自己需要清楚：想从时间资源里获得什么，哪一方面需要改善。再去想想怎样用数字来表示，选取哪几项指标可以反映改善情况。

当我开始着手思考管理个人时间的时候，我正读大四，读了一本关于柳比谢夫的书，备受鼓舞。当时，我主要的"时间小偷"之一就是花在路上的时间——平均每天4小时（每天有大学课程、驾驶课程、英语课程、导游课程）。花了几周时间，我对路上的时间进行了详细记录，并将其分成了几类："高质量"（可以读写，比如在课程之间乘坐区间班车的时候），"中质量"（可以读严肃文学作品，比如在公交车上），"低质量"（只能读一些简单的书），"零质量"（步行时、高峰时段、进出门更衣时）。

在对不同类别的时间分析后，得出的结果是出人意料的：比如，以前从学校去上语言课程的时候，我会顺路回一趟家。后来，我中途不再回家，花在路上的总时间虽增加了，但是它的结构却得到了极大的改善：在课程开始前，我能有一个小时安静地工作，不像以前要花上一小时步行或收拾。

最重要的是，在我的大脑里形成了"个人后

勤处"，它能在计划会面和安排出行时计算出最佳路线。很多年过去了，虽然我从那时起就再也没有记录过路上花费的时间，但是当时养成的技能却一直受用到现在。

在交通工具上的时间

时间记录和数据监控可以帮助您和任何一种"时间小偷"进行斗争，这是普适的方法。现在，我们再来谈谈几种具体的挖掘时间资源的方法。

公共交通工具、私家汽车是最典型的"时间小偷"之一。生活在大城市的居民，他们的时间常常被浪费在堵车、地铁、公交和出租上，但这并不是不可避免的，不妨试试以下几种方法来优化时间配置。

1.读书或收听有声读物。读书的话，不能草率地随便拿上一本，书应该是精挑细选的，最好尺寸不要太大。我乘车或者坐飞机时，经常看到西装革履的商务人士无所事事、坐立难安，我颇为惋惜。然而，正是这些人，他们总是借口说工作缠身，找不到时间看书，没有时间阅读专业书籍。解决方法很简单：提前准备好路途中要看的书。

如果您开车的话，那么情况就要复杂一些，只有在堵车的时候可以翻一翻。这时，有声读物就能派上用场了。

175

有很多文学作品都有电子录音版，商务类的相对而言会少一些，但也是足够的。有声读物不仅在开车时可以听，在高峰期乘坐公共交通工具时也可以使用，因为在拥挤的环境里很难阅读纸质书籍（如果经常乘坐地铁，那一定要选一副降噪耳机）。当然，在走路、骑车的时候有声读物使用起来也十分方便。

丹尼尔·格拉宁在《这奇怪的生活》一书中引用过亚历山大·柳比谢夫的原话："在路途中阅读能有什么好处？首先，可以很轻松地应付路途中的不适；其次，神经系统相比在其他条件下拥有更好的状态。

"坐电车时，我一般会带两到三本书去读，在日常工作中也是如此。如果从终点站开始坐车，那么经常会有位置可以坐，这样既可以读书，又可以写写画画。当乘坐的电车比较拥挤时，那么就需要准备一本小书，阅读起来更轻松方便。现在在圣彼得堡有很多人都习惯了在有轨电车上读书。"

2.如果您真的想休息，那就好好休息。从利用时间的角度来说，休息放松带来的好处绝对不亚于阅读。但这需要您有意识地来把握，将思绪从杂乱的问题中抽离出来，打开播放器，听听喜欢的音乐……

3.选择不寻常的路线和时间。通常，我们去某个地方（或选择交通工具）都会按照习惯来行事。不妨试着提早半个小时出门，或者换一条路线。成功人士常常不走寻常路，因此才能比别人做得更多，出行也是一样。

4.学习。比如，学语言。随身携带生词卡片：一边写单词，另一边写释义；从教程上复印几页难点，坐公交时背诵；或者，在走路的时候思考一下读过的内容，比如：“如果从位置摆放理论的角度来看这块广告板……”

5.罗列一张具体的问题清单。培训学员常常说，他们走在路上的时候会思考。不要自欺欺人，如果没有一个具体的问题清单（或者，如果没有有意识地去处理想法），那么抽象的思考就只是没有意义、没有结果的对同一思想的枯燥重复。所以最好是能列一张具体问题清单，在思考的时候做好笔记，记下有价值的想法。

177

出差时间

亲爱的读者，出差并不是老板的惩罚，并不会剥夺您享受生活的权利。甚至是一个高效工作的绝佳“时机”（kairos），请看：

——在飞机和火车上的时间是非常棒的时段，此时不会有恼人的电话、烦人的同事、塞满食物的冰箱、精彩的

电视节目来分散注意力；

——"移动模式"（远离家人、来到陌生城市、紧凑的会面）自然而然地会让您进入紧张的工作状态。

重要的是要合理地利用出差的时间，不能松懈。给您几条简单的建议：

1. 发现并把握"时机"（kairos）：在会议休息间隙，参观一下诺夫哥罗德的克里姆林宫，约一位潜在客户共进午餐。去阿拉木图的时候，多花上一天在梅德沃（Medeu）群山短暂休息等。

举一个利用"时机"（kairos）的例子。"俄罗斯标准"集团（Russian Standard Group）为公司高层举办了一次培训，学习利用 Outlook 进行时间管理。董事助理制订了"地点"这一任务类别，其中所有任务都和某个城市捆绑在一起（并未设定时间）。比如："当鲁斯塔姆去巴黎的时候，他应该去见……当他去迈阿密的时候，他应该拜见……"当鲁斯塔姆来到一个新城市，他就会浏览这一类的任务，并且除了计划上的会面以外，他还会顺路解决所有和这个城市相关的其他问题。

2. 为路途中的时间规划好工作。在飞机和火车上很适合处理长期的优先任务，这些任务在日常工作中无法得到足够的关注。为了能让自己迅速进入工作或休息状态，可以听一听音乐（笔记本电脑、MP3 播放器或者手机）。如果要读书，那一定提前选好阅读书目：深奥的、重要的书可以在飞机上阅读，商务杂志可以在过安检时或坐摆渡车时翻阅等。如果您没有智能手机或者笔记本电脑，那可以先复印几章内容。在读完之后，这些复印的资料和杂志可以随手扔掉，这样在返程的时候还能减轻行李重量。

3. 安排好晚上的工作和休息。吃完晚餐散步半小时、阅读半小时都是典型的休息方式。如果您出差的工作主要是和人打交道，并且非常消耗感情资源，那么最好不要去读文学作品，应该读一些温和的益智书籍。如果出差时间很长，那么就可以享受日光浴，去体育馆或者游泳池运动。晚上，最好做做脑力工作（处理文件、数据等），不用调动情绪，因为在白天的时候，大部分的感情资源很可能已经被消耗殆尽。

最后，出差的目的才是最重要的，您不得不承认，"和西伯利亚石油公司（Siberian Oil Inc）进行谈判"跟"最后签署合同"是两件完全不同的事。

分享一个我个人完美利用出差时间的例子。某地区客户很想将训练分成三次安排在晚上，愿意支付额外的费用，我也乐意地接受了。空出来的其他时间，我都安排了谈判和展示。其中一

场，安排在一个城市建设企业，它是该领域俄罗斯市场的引领者。展示之后，IT 经理向我走来，说道："我为自己的部门预订了一次时间管理培训课程，就在这周六。我发现您的技术方法比我们预订的那家公司更好。趁我们还没有签合同，您要不来给我们培训？"

周六我给他们上了培训课。但在四天时间内给一个万人规模的企业做好上课准备，这完全刷新了我的实践记录。是我走运吗？有一部分运气的成分，但有一位伟人曾说过：如果每天都工作14 个小时，那么运气与成功就近在眼前。

这里还有一些关于规划出差时间的纯技术性建议：

1.准备一个出差套装，包括卫生用品（牙膏、牙刷、剃须刀、梳子等）和有用的工具（瑞士军刀等）。要选用最轻便和最紧凑的包装（比如，玻璃瓶装的除臭滚珠、塑料包装的干燥剂等）。还可以多买一个手机充电器，放在同一个包里。这样的套装能节约收拾时间：您无须整理牙刷、梳子，到达出差地后可以直接从行李箱中拿出来，放到浴室里。出差套装可以确保您不会遗忘任何一件物品，也可以减少您行李的重量和体积。

2.避免托运行李。选择大小最合适的行李箱，不仅可以放下所有必需物品，而且也可以作为手提行李带上飞机。这样就能节省花在托运行李和提取行李上的大把时间。

3.储备"过剩信息"。和计划会面时一样，不要忘记记下您可能会用到的电话号码（客户的、客户助手的、秘书的、接送公司的）、旅店地址和订单号等。不要寄望于所有事都会按计划进行，要做好随机应变的准备。

出差结束后，在 Outlook 里（用任务格式或者备注格式）制作一张"城市卡片"，当然也可以用 A4 纸来制作。卡片里包含：

——长期客户的联系方式（电话号码和地址）。即使这次不一定去拜访他们，但万一有紧急情况，他们也可以帮上忙。

——住过的旅馆的位置（可以随手拿一份旅馆的广告或者名片，然后把它们放进城市文件夹里）。

——送餐服务、订票服务的电话号码等。不要寄希望于旅馆里的黄页电话簿，用它叫维修都比叫比萨外卖更方便。预约出租车的电话儿其重要，也不要寄望于当地司机的时间管理技能。

——当前的货币汇率（出国出境时有用），重要的价格和时间花费情况（"从莫斯科市区到机场"需要花多少卢布、多长时间）。

——其他有用的备注，比如，当地的语言文化习惯。

出差回来，制作一个这样的迷你向导只用几分钟时间，而在下一次出差的时候（您本人或者同事）就可以节省大量时间，特别是在遇到紧急情况的时候。

您甚至可以制作一个迷你向导的数据库，如果有意向，那么从一开始就必须把它们做成电子版的。

技术性的不可抗力因素

182

电脑、传真和汽车都可能会损坏。这种不可抗力因素可能会花费您大量的时间，但这并不是放弃时间管理的理由。

管理不可抗力因素的第一步就是无论发生什么，不要怨天尤人。领导突然下达指令，因此要修改工作计划——不可抗力因素；客户迟到——又是不可抗力因素……其实，这完全不是不可抗力因素，而是我们周围生活的易变性。要处理这种易变性，就要掌握灵活的计划方法。不可抗力按照定义来说就是不可克服、无法战胜的力量。我们对此又能做什么呢？

当发生技术故障的时候，正是解决其他遗留任务的绝佳机会。确实，您不能给数据库里的客户打电话，不能用PowerPoint作展示。但是，您必须用电脑和打印机才能思考吗？您不是常常抱怨没时间做重要的长期任务吗？那就不妨趁此机会，给这些"重要但不紧急"的工作拟一份计划吧。

或许，您会惴惴不安，无法平静下来思考。如果您正在处理合同，不如先抛到脑后，反正现在也无法消除技术故障。如果您依然无法平静，那可以做一些简单的事，比如整理文件、办公桌、柜子，也可以打打电话，尤其是那些您不愿意打的、拖延了很久的电话。

顺便说一句，技术设备仿佛因果报应使然——第二天再执行相同的任务，不会有任何问题。另外，您发现没有，那些花了很多时间和精力写出来的邮件，导致的最后结果，可能让人觉得还不如不发。

如果没有技术设备真的无法开展工作的话，那就找一找替代方案。比如，附近或许有一个网吧，邮局或许可以代发传真，大城市随处可见的公共电话或许可以打长途……

请及时制作文件副本，用术语讲，这叫"backup"（备份）。在管理有序的公司里，IT 部门都会定期地为所有信息制作备份，但即使这样也不能全部囊括。比如手机里的电话号码怎么处理？您是否已经将它和 Outlook 同步了？我有一个熟人把手机掉进河里了，上面存有 300 条客户的联系方式，完全没有备份，后来花了半年时间才找到了所有号码。

183

那名片又该怎么处理呢？最好是能够定期地把信息从名片上录入到电子储存设备上。要知道，常常是要用名片时才会发现它不见了，背面还写着客户的私人电话和宝贵想法……

最后，手头上的重要文件又该怎么办呢？一定要在光盘或 U 盘上备份，存好后及时弹出，以防电脑崩溃。联系人信息和参考信息最好用纸质形式再备份一次，以防电脑出现问题或者文件损坏等情况。

这些建议似乎增加了额外的工作，它们和时间管理有什么关系呢？在这里，提醒您时间管理的一条基本原则：不要依赖计划，要考虑到情况的不可预测性。经常和不可预测的事物打交道的军人，很早就掌握了备份重要信息、联系渠道和防御系统的原则。不要自认为比人类上千年的经验更聪明，还是要趁早给自己织一张安全的网。

组织会议

通常，会议会耗费大量的时间，要知道，开 1 小时的会，可能意味着 5 小时、10 小时、20 小时的工作时间（取决于与会人数）。针对这个问题，有许多书籍、文章作过探讨，但是情况仍毫无改善。现在，我们再来谈谈这些显而易见的东西，它们理解起来容易，但做起来难。

1.确定会议的形式。在一场会议中，不要混淆不同的会议形式。典型的有：

——头脑风暴。目的：创造性地解决问题。规则：首先是产生想法（无论有多疯狂）；然后把它们记录下来；之后再进行评判和加工，判断想法的可行性。

——碰头会和业务短会。目的：协调团队成员工作，传达相关信息，迅捷地对当前问题作出反应。规则："如果产生了一个好主意，写下来，不用讲出来，在战略会议的时候再提出来"。会议最好有一个严格的发言顺序，再配一个书面的问题清单。

——战略会议。目的：讨论有前景的发展方向，就大范围的长期问题作出决定。规则：最好有明确清晰的决定标准（确定优先级）。

2.确定与会者。有时候需要用到"根回"①(nemawash，日语"根回し")法，即在举行大型会议之前，先在小范围内讨论问题、达成共识。

还在第聂伯重工业工厂（*Dneprotyazhmach*）的时候，我无意中听到了一场高声的争论，于是问发生了什么事。

---

① 译者注：根回在日语中指为了移栽树木所作的准备工作，现指和所有相关者、受到影响者共同讨论问题及可能的解决方法，收集他们的意见，并对解决途径取得一致共识。

"这里有问题：要不要自己生产这种设备……"

"这个问题完全不存在！"

"问题是有，但不是在生产上！"

"请停一下，我们要冷静下来，好好地想一下这个问题。"

我在投影上打开了一张空白的 Excel 表格。"我们先把这个问题的过程写下来，到底是从哪里开始的？"大家决定从问题的发起人开始，于是我们写："发起人：公司市场营销部经理。"接下来，我们就要确定与这个问题利益相关的各方人员，便继续写："利益相关的各方人员：管理公司的市场营销部、工厂的市场营销部、生产部、财务部（只是利益相关的，解决问题需要团体协作出具可行性研究报告、商业计划等）。"然后，我又问了一个问题："这一步只涉及四个部门，那为什么有十五个人在这里激动地讨论这个问题？"

我们又运用同样的方法制订了接下来解决问题的步骤（确定利益相关方、业务问题的主管等）。在分析问题的过程中，也就把问题给解决了。一个半小时的时间，我们就解决了几个星期以来的困惑，并讨论确定出了解决类似争论的程序。

单独确定能做决策的领导人员来控制讨论的

进程（如果您准备参会，那么就会是您）。另外，还需要一个秘书来把握时间、记录观点、总结成文。通常，控制进程和秘书工作是要分开的。

3.确定讨论问题的清单。我不喜欢用"章程"这个词，因为它通常意味着在实践中要遵循严格流程，控制每个问题的讨论时间。这种做法并没有必要，只要有优先问题清单以及整体的时间框架就足够了。研究问题当然要从优先的开始。

这是哈萨克斯坦国家银行（National Bank of Kazakhstan）的例子，当时是时间管理团体培训师的课程。教练组（领导和人力资源发展部的员工）用饼状图制作了一个标准的每周例会章程。整个饼状图表示一个小时，这一个小时需要包括会议的主要部分（不包括会议开始及结束时10—15分钟的介绍词和经理的总结词），部门里四个管理处每个都有15分钟的展示时间。于是，饼状图被分为四个部分。

每部分（15分钟）又分成三块：一是"战略书签"（这一周在主要目标上取得了什么成果）。二是管理处内部和各管理处之间的问题。三是需要立刻提交给行长和其他部门经理或者助理经理的问题。

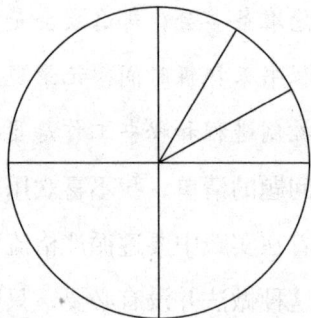

用五分钟的沙漏计时。如果管理当次会议时成功节约时间，那么省下的时间可以加到下一次会议上。反之则不可以，当次会议不可以预支下次会议的时间。

4.确定会议时长，指定负责人计时。这一点是不证自明的。但在培训课上，当大家进行小组工作的时候，一直要到第三次、第四次，参与者们才会想起来需要找一个专门负责计时的人。

5.确定地点、调试设备和分发材料。这包括预定会场，准备活动挂图、投影仪、文件等。根据会议的形式来确定会议地点：比如一个投资公司在走廊里召开碰头会，以确保会议上的交流能够明晰、简洁；而战略会议则在方便的会议厅举行，这是为了能有一个安静的、富有创造力的环境。

如果要为会议分发一些材料（最好如此），那么就要保证与会者都阅读。比如：

——分发问题（必须要在会议上就此问题作出决定）的简短描述说明；

——要求参与者用电子邮件发送至少两到三个问题的解决方案（不得晚于会议开始前一天）；

——没有发送邮件的人不可以参加会议。提供两至三个问题的解决方案确实有难度，但是这样在开会的时候才会变得更有效率。

要知道的是，没有附加的刺激因素，与会者多半是不会阅读会议资料的。在俄罗斯，尊重他人的时间，尤其是尊重与会同事时间的意识还十分薄弱。

6.使用简图。请试着回忆起十个熟人的准确地址，精确到房间号。您多半怕是做不到，最多能记起两到三个精确地址。然而，运用视觉记忆，您应该能找到上百个地址。在大脑里，您能容纳的视觉图像要比词语和数字多得多。所以，在会议上讨论的所有问题都请用简图的形式在活动挂图上表示出来。得益于这些简图里保存的信息，在下次会议时就能轻松地回忆起所有取得的成果，就不用在同一问题上多次纠缠。简图可以拍下来（哪怕是用手机摄像头），然后作为会议记录的附件发给与会者。

7.发送会议纪要及会议决议。在下一次会议前，一定要再次回顾纪要。如果会议决议没有记录下来，那么就可以认为，根本就没达成任何结果。

"俄罗斯标准"集团（Russian Standard Droup）的战略发展部经理爱德华·法利托夫（Eduard Faritov）说道："开会的时候，我用普通的文本文件记录讨论过程，但是会用投影仪把它放到屏幕上，让所有人都能看到。而且，针对每一个要点，我都会记下来他们是怎样回答这些问题的：下一步是什么？期限是多久？负责人是谁？……放到大屏幕上，让所有人都能看到。如此，在下一次会议的时候，所有人都无法以'问题还没有讨论''决定不是这样的'等理由来推脱责任。"

如何挤出时间来进行时间管理

前文我们已经讨论了挖掘储备时间的方法，作为本章的总结，让我们再来谈谈：如何挤出时间将时间管理技术贯彻到实践之中。

第一条规则：利用各种"时间残渣"。工作日的大量零碎时间是完全足够的。比如：

1.在吸烟室抽烟的时候，不妨和同事打个 100 美元的赌，赌在三天之内，写出一个长远目标的书面概要。

2.在堵车或者走路的时候，想想最近几年的目标。如果方便的话，可以用录音笔录下来（手机一般也都有这个功能）。

3.在领导的接待室里，利用15分钟的等待时间把目标写到笔记本上。如果以上都做到了，那么您就能赢得这100美元。

第二条规则：形成清晰的提高个人办事效率的节奏。我们不会认为每天刷牙、洗澡是一件费劲的事，因为这早就已经成为习惯、形成了节奏。管理个人时间也应如此，最好每天都花15分钟处理这个问题，千万不能三天打鱼两天晒网。

> 本杰明·富兰克林，美国开国元勋之一，现代时间管理的奠基人。因为功绩卓著，他的头像被印在了100美元的纸币上。他构建了一个实践善行的节奏：每周从清单中选出一项善行，并积极落实；下一周再选一项善行……几周之后，清单完成，然后再从头开始。类似地，您也可以用来贯彻实践各种时间管理的方法。

给您推荐三条形成时间管理节奏的简单原则：

——每天解决一个小任务。例如，清理收件箱里的信息，整理办公桌上的文件，处理Outlook上快到期的任务等。

——每周贯彻一项时间管理的新技术，例如：做一个全面的"周记录"；抛弃零散的记录，开始记日记；在"我的文档"里规划保存文件的结构等。

——每季度安排一次"训练周"。每天花半小时用于时间管理，合理适当地处理每件事，不要纵容自己。这是一个体育教练想出来的：每季度一周，学员必须严格遵守训练计划并控制饮食。其余时间，训练计划可以适当地轻松一点。这样，在高强度的训练和休息之间就能创造良好的平衡。

最关键的是要记住：花时间进行时间管理，并不浪费时间，而是在做投资。您还记得这个著名的笑话吗？

有一个人在森林里看见一个樵夫在用一把钝斧头吃力地砍着树，于是便问道：

"老兄，为什么不磨磨斧头？"

樵夫叹了口气，回答道：

"我没时间磨斧头，我得抓紧时间砍树！"

挤出时间来"磨斧头"也不是一件容易的事，但是成功人士和平庸之辈的区别之一就在于：前者会抽出足够的时间来投资自己的未来。

建立个人时间管理体系的第八步

使用方法找出"时间海绵"，让身边的储备时间资源发挥作用。

总结：

——在两三个星期内进行连续的时间记录。

——制订两到三个反映工作效率的数量指标，并且对它们进行动态追踪。

——为在交通工具上的时间和出差时间计划好要做的事。

——做好备份计划，以防技术性的不可抗因素。

——运用技术方法组织会议。

——利用各种"时间残渣""磨斧头"。

您可以将您的联系信息（姓名、职业、公司、城市、联系电话和电子邮箱地址）发送至 info@time-drive.com，邮件主题"时间管理：索取材料"（Time-drive: workbook request），即可获取 Excel 模板来进行时间记录，监控"时间小偷"。

9. "时间管理病毒"：如何让时间管理的观念影响他人

——司令与政委有何不同？

——司令说："跟我做！"

政委说："按我说的做！"

　　如果不能把个人的时间管理与周围人的时间管理（同事、领导、下属、亲人、客户等）协同一致，那么我们就不可能做到百分之百的高效。只有互相尊重彼此的时间，我们才不会白白浪费这一宝贵的资源；只有与同事一起高效合作，我们才能用最少的资源获得最多的成果。

　　然而，令人遗憾的是，我们的社会还缺乏时间管理的文化。如果被偷了 1000 卢布，所有人都知道这是不好的；而如果被偷走的是时间，是不可复生、无法挽回的时间，并没有人觉得这是不对的、应当被指责的。当然，我们并没有办法改变俄罗斯人对待时间的态度，但是从自己开始、从身边的人开始改变，我们还是完全有能力的。

　　将时间管理的观念传递给另一个人，这其实并不容易，但是却非常值得我们去做。这是互相之间对稍纵即逝的时间资源的更深层次的尊敬。这种尊敬，在家里、在工作单位，我们都需要，当然，我们的社会也需要。

对领导的时间管理

　　如果您不是商人，也不是"自由艺术家"，那么您的领导就会是影响您时间管理的一个重要因素。这种影响有时甚至会达到一种荒谬的程度，比如："一大早他就打电话来让大家下午 3 点准时到办公室开一个重要的会议。结果，他自己晚上 6 点 30 分才出现，还问：'你们在这里干什么？后天才开会啊。'"

确实，有时候领导不会注意时间。如果想让时间管理的观念影响他，应该怎么做呢？

当然，最好是他主动而为之，但大多数情况下并非如此。您需要设法想想间接途径，让领导能接触到时间管理的观念，比如，通过他的朋友、秘书、另一个部门的领导等。您可以故意在某处遗落一本相关主题的杂志或书，它们都可以起到这个作用。

在实际行动中展示时间管理的方法。不妨可以在开会的时候给领导递上工整的例行任务目录或者项目任务概览表；减少去找领导的次数，但是每次去的时候都带上准备好的问题清单……如果领导对您运用的新方法有兴趣，这便是让他对时间管理产生兴趣的绝佳机会。

从实用、廉价的时间管理工具着手。如果一开始您就建议领导给部门配置笔记本电脑、购置掌上电脑来推进时间管理，那么领导多半是不会听的。最好是建议制作一块简单的计划板、常规任务概览表等，让领导感觉无须财政支出也能改善对工作的预判、管理，那么他就会听从您接

197

下来的建议。

在培训课上，我经常听到："领导下达的意料之外的新任务是我最主要的'时间小偷'"。可是不管怎么说，处理领导的任务，即使是意料之外的要求，也是员工的职责。如果在这方面有困难，那就不要试着去影响领导了，可以再次阅读日程规划的章节。对于一个能灵活安排计划的人而言，意料之外的任务并不会是一个问题。

请记住最重要的一点：要让领导觉得与您共事是舒服的。他的时间比您的时间更宝贵，他的舒适比您的舒适对于公司来说更重要。如果您还是无法接受，那不如动手开创自己的事业。到那时，因为领导导致的不便就会变成别人的苦恼，但这完全是另一回事了。

对下属：自愿战略

在将时间管理的种子植入下属的大脑里之前，让我们先来区分清楚以下概念：

1. 个人的时间管理：自愿接受的"自我管理"。

2. 团队的时间管理：公司和部门的所有员工都必须遵守的时间管理标准。

3. 普通的常规管理：分配员工之间的职务、职责、项目和任务，并进行激励和监督……

现在，我们只谈前两点。一般而言，管理下属并不属于时间管理的范畴。我们当前的任务是更狭义的：让员工养成高效自我管理的技能。

在给高层管理人员开设的研讨会上，争论最多的问题是“要不要强迫下属去做事情”。严苛的经理坚持认为，不能等着事情自己“生长发展”；而更温和的经理则认为，时间管理是个人的事情，如果工作涉及的创造成分和个人因素越多，那么就越难用命令的方式推行自我时间管理的方法。

我同意结合一下这两类观点。最开始的时候，需要将“时间管理病毒”传染给下属，调动他们内在的资源自愿发挥作用，之后再来使用外在的强制手段。

自愿战略的第一步：让自己成为榜样。很难夸大这个方法的有效性。请展示出自己时刻有所准备、永远不会迟到、尊重他人时间的形象，而不是假装作态。在一次团体培训上，一位学员说：“当我给老板或客户打电话时，我总是会问问他们方不方便，但是我不会这样问手下的人。为什么我要关心他们是不是方便呢？”我反问道：“对您来说，是个人的舒适重要，还是公司利益更重要？”

如果您是公司老板，并且觉得个人的舒适和自由比下属的工作效率更重要，那没有问题，您可以在夜里两点给

199

他们打电话，把他们叫出来临时参加会议。因为您是公司的主人，您有权这么做。但是，如果您的员工也用这样的态度对待客户的时间，也请不要惊讶，客户一定会选择比您更守时的竞争者。

如果您不是公司的老板，那么建议您认真地对待下属的时间和感受，就像对待自己的一样。请表现出对他人时间的尊重，不要有双重标准。

第二步：为运用时间管理技巧创造动机。请不要把"动机"和"激励"混为一谈：这不是一个奖惩机制，而是要理解，为什么时间可以被管理也需要被管理。

如果您的员工认为"即便来得及做更多的事，也不会挣到更多的钱"，那么您的任务就会比销售部的领导更艰巨，因为在那里工作效率直接与奖励挂钩。但是，即使您的下属不会因为工作效率的提高而得到物质上的好处，那么他们也可以听一听下面的论点：

——通过对工作更加合理的安排，完成工作时会感觉更加舒适；

——可以降低超过规定期限而带来的风险；

——可以更早下班，把空出来的一部分时间留给自己。

就算节约时间不会给下属直接带来物质好处，您也要让他明白，提高工作效率之后，他绝对是受益的一方。您可以奖励更加机动灵活的工作计划、更早下班（并不是指缩短劳动法规定的工作时间，而是减少加班）……

普里托尼特（MC-Bauchemie-Russia）公司
在进行团体的时间管理培训时，IT经理想让下属更加关注自我的组织安排。为此，他每天都标注出部门用突击方式完成的工作量。这些工作大概占了全部工作的80%。这一事实让员工们确信，确实有必要进行时间管理。一段时间后，他们自己开始更加精确地划分职责、预先制订工作计划，并且为办公室及部门做好了设备采购规划。

注意，这些成果也可通过常规管理，以从上至下的形式达成。然而，传染给您下属“时间管理病毒”的价值就在于，他们做这些是出于主动，而非被动。领导无须花费“行政管理资源”，这种“自下而上”的组织形式常常比“自上而下”的强制手段来得更为简便、高效。

第三步：有节奏地稳步推进。日本产品的过硬质量很大程度得益于“Kaizen”（持续改善）这一思想：每天连续的、不间断的小进步。就如个人时间管理一样，要在团体中贯彻时间管理的方法也不能一蹴而就，要定期地给员工推荐新方法，至少一周一次，方法越简单易懂

201

越好。

阿列克谢·切尔宁（Aleksei Chernin），鄂木斯克银行（Omsk Bank）管理委员会主席，在接受完时间管理培训后，开会时引进了"十五分钟时间管理"项目。

在小型会议中他会分享时间管理的方法、经验，也会请经理们分享他们的经验。一位副主席和中级经理们也常常举行类似的小型会议。

对下属：强制战略

有时候在贯彻时间管理方法时没有"行政管理资源"是行不通的。如何才能更好地利用它呢？

1.尽量少使用工具，只使用必要的。不要试图建立唯一正确的、普适的时间管理系统。以下方法对于最初几步很有用：

——任何一种计划板；

——日程表或日程计划纲要（参考第4章）；

——常规任务概览表；

——会议模板。

"如果您的下属不愿意去使用这些工具，怎么办？"这已经不是时间管理方面的问题了，要再读一读关于人力管理、激励斗志、管理斗争的书籍。需要指出的是，在自愿战略阶段，员工越有准备，您的创新越多地顾及他们的观点和想法，那么您就越容易进行革新。

2.想出一些简单易行的软硬兼施政策（“红枣和棒子”）。这和个人时间管理的方法一样：准备可以立即兑换的小奖励或惩罚。例如，在给连锁店的经理们推行标准化日程计划时，总经理建议在培训完成后的1—2个月内，奖励计划板用得最好的三个人一天假期，而运用得最不好的罚一天工资。

古依米拉·图列肖娃，哈萨克斯坦国家银行（National Bank of Kazakhstan）人力资源管理部主管，谈道：“在接受了时间管理培训后，我们引进了计划板，我们想激励一下刚刚兴起的提高个人工作效率的风气：每个月都会选出一位效率最高的员工奖励他休假。高效的标准就是他能及时、高质量地处理完部门任务。我们的领导也很赞赏这个想法，保证不会干预激励政策，支持奖励休假。这一政策一直持续至今。”

3.使用试验性方案。试点，或者说试验法是非常有用的。请尝试着对某位员工、某个部门、某个业务方向（比如“只对这种客户”或“只为 X 计划”）运用这个方法。这在实践中，花最少的时间和精力，就能帮助您明白这种

方法的优缺点。除此之外，试验性方案的成功经验能够作为重要论据说服其他员工（或者部门）相信新方法确实行之有效。

总结一条最主要的原则：算一算自己时间、部门时间的价值。尽量用金钱把它体现出来，要像为争取金钱一样地为时间而斗争。

2005 年 5 月，在新西伯利亚"西伯利亚协会"的某次研讨会上，一家公司的总经理、公司股东问道："我的时间不仅取决于自己，还取决于别人，特别是我的员工。这该怎么办？"

我问他："您是您事业的主人。如果员工偷您的钱，您知道该怎么办吗？还是会像现在一样，无助地询问团体理财专家？要知道您的时间可比您的金钱贵重得多。相比之下，时间要少得多，而且一去不回。"

在被问到偷钱时，这个人脸色大变，我甚至为那些试图偷他钱的人而感到恐惧。我相信，在研讨会之后，他也会如此憎恨那些偷走他时间的人。

个人关系中的时间管理

个人和家庭关系中的时间管理并不容易，甚至很难写出一张正经的计划表。您必须学会协商。我建议您将以下几条原则作为协商的基础：

1.“我们在一起”不意味着“我们做一样的事”。很多人看到这样的画面会感到惊讶：在吵闹的人群中，一个内向的人安静地坐在一旁读报纸，完全没有表现出任何不友善，而且也不离开其他人，因为他觉得这样更舒服。我认为，在任何一种相互关系中，或者在和他人共度时间时，最难和最重要的是不要把自己的兴趣强加到别人身上，而应该妥协，顾及对方的感受。

有一次，参加规划假期的电视节目，有人向我提问：“要是家人的兴趣不一样、休息方式也不一样，该怎么办？比如，丈夫想在泳池边休息，但妻子想购物、游遍所有名胜古迹。”那为什么不可以去一个名胜古迹多的地方？妻子可以自己去观光，丈夫可以在酒店的泳池边休息。晚上，彼此还能分享游览感受。

2.每个人都应该有自己的时间，尤其是内向的人。就心理类型来说，内向的人更加偏向自己的内心世界，不喜欢和他人联系。如果我想一个人读书，而这时您来我这里做客，我并不会因此而讨厌您，我只是想一个人读读书而已。

特别需要给自己的“资源活动”留出时间。“资源活动”能帮助您恢复精力、提高工作能力。对一些人来说，这可以是读文学作品；而对另一些人来说，则是玩滑轮、弹钢琴等。

3.相互关系的原则需要明确地表达出来。不要害怕把它说出来，如果能把互相之间的约定和原则写下来会更好。大多数冲突的发生都是因为两个人头脑里的原则（准则、规则）不一样，每个人都认为自己的原则是不言自明的、是正确的。但事实上它们并不能不言而喻。请试着把它们讲出来，您会惊讶地发现，别人的概念和您的概念原来有如此巨大的偏差。

至于计划、安排的技巧，工作中适用的方法也同样适用。关键要商定好共同的原则，在此基础上就可以很容易地制订计划、做好安排。

孩子与时间

我认为，教孩子时间管理与教他们游泳、阅读同样重要，而且越早越好。即使不从幼儿园开始教，那至少也应该在小学低年级或者高年级开始着手。

对于大学生和高中生来说，并不需要为他们特别定制一些内容，他们通常都会很有兴趣地接受大人们的技术。对于小学生来说，则需要用更多的游戏、更加丰富多彩的内容来激励他们。

建议您从以下几种方法入手：

——自我激励（"大象""青蛙""枣"等）。通常，拖延重要任务是孩子们时间管理中存在的主要问题。

——每日任务概览。正如一位经理说的，现在他儿子明白了，除了"玩"和"看电视"外，还有"做功课"和"倒垃圾"。晚上他回家的时候，儿子会说："爸爸，我今天所有事都做完了！"

——高分计划。需要利用概览表。

关于最后一点我要特别说明。在教孩子学习管理时间的时候，最主要的是让他们对生活抱有积极的预见性态度。我们在前文已经讲过。提醒您，"积极预见"（proactive）是斯蒂芬·柯维（Steven Covey）的术语。他对反应型的（生活只是对外界刺激的反应）和积极预见型的生活态度进行了区分。后者主张不仅要简单地做出反应，我们还要对自己的生活进行计划，采取预见性的行动。

用一个简单的例子来说明。"您想得到金牌（或者优秀的学期成绩、学年成绩等）吗？您需要怎么做才能达到目标？"不能只是"学习"，需要找出优先项目，找出在当前最成问题的地方，并且要有预见性地处理它们。比如，可以制作一个很简单的成绩表（这是经过实践检验的可行方法）：

科　目	当前的成绩					
语文	5	5	4	5		
代数	4	4				
几何	5	4	5			
……						

　　问题立刻一目了然：代数不行。要怎样提高呢？很显然，至少要得到三个 5 分。那就要在这一环节上用功，在代数上多花一些时间和精力。可以给自己奖励巧克力，积极地参与课堂讨论。一旦解决了有问题的地方，再去看看周围，把重点放到另一科目上。并如此继续下去，保持平衡，灵活地在学习的过程中改变优先项目。

　　选择想要的东西也很重要。除了学习成绩外，可以选择在体育运动、某种兴趣爱好中的成功。要关注孩子自身的趋向，而不是"社会指向"。在选择好想要的东西之后，方法依然相同：目标、次级目标、优先项目、每天积极预见性的行动、自我激励和奖励。

　　维塔利·科罗廖夫（Vitaly Korolev）在《给女儿的时间管理：一个游戏的故事》一文中写道：

　　"大家都知道，孩子们都不想老师把他们叫到黑板前回答问题。当老师说'下一个到黑板前来的是……'时的感觉，谁会不记得呢？然后老师就开始看名单。当时真想藏到课桌下面去。

"那么如果我们改变自己的态度会怎样呢？如果孩子想得到好的成绩，又提前准备好了功课，那为什么不自己抓住主动权、主动要求回答问题呢？在这种情况下，确定优先的战略很重要，要'集中火力'：所有的功课都做，但是尤其要好好预习明天想在课上大展身手的功课。而且在被提问的时候不要躲藏，要主动，不能让努力白费。

"除了计划之外我们还进行结果预测：各种小测试。和计划的结果不同，预测的结果已经不取决于预测者的意志。预测结果更能表明自我评价的客观性。如果能准确地预测未来的成绩，那么我女儿就能得到两个或一个正号（取决于她得的是5分还是4分）。她很快就掌握了这个游戏，并且明白了预测和计划之间的细微区别。顺便要说的是，作为咨询师，我知道，其实并不是每个经理都能区别这两个概念……"

学生的时间管理中还有一个重要的方向——准备考试时的时间计划。通常父母的态度是："坐下，学到睁不开眼为止。"可这是没用的，因为这并不是一种理智的做法，更现实的做法应该是：

1. 确定孩子每天能准备考试的客观时间是多长（现实情况是 6—8 小时，最多 10 小时）。

2. 把学习量按时间预算分配（共 40 个考试题目，准备 5 天，乘以每天 10 小时。现实的目标就是"每个问题一小时"，再加上 10 小时的预留时间），花在各个学习环节的时间不应超过分配的时间长度。

3. 处理学习负担：每小时 5 分钟的休息时间，每 3 至 4 小时进行一次活动（去一趟商店，散步等）。

除此之外，在准备考试的时候，我们经常做一些完全不是考试需要的事情。比如，在准备写作文的时候，我们应该写作文，但是我们却在读书；在准备口试时，还是在读书。在准备写作文的时候，最好能够就每个主题写半页主要思想；在准备口试的时候，出声背一背每个问题的要点（向谁背诵都行：祖母、小狗、墙上的照片等）。

最后作为总结，列出几条来自实践中的原则。

维塔利·科罗廖夫（Vitaly Korolev）在《给女儿的时间管理：一个游戏的故事》中还写道："第一，要抓住孩子的主动权。他应该首先明白自己想要什么；第二，随性发明，想出一些游戏，而不是教育环节。它们两者之间最主要的区别之一就在于，孩子明白：他可以在任何时候停止游戏，但是教育环节中却不可以；第三，不要害怕记录计划和结果。这不是简单的笔记，而是不能被忽略和忘记的具体的、实在的东西。最后，忙碌的爸爸妈妈们，请在笔记本上写下您和孩子共度的时间。至少要抽出时间讨论一下他们这一天中最重要的事件。

建立个人时间管理体系的第九步

把"时间管理病毒"传染给其他人，让他们更加理智地利用自己和他人的时间。

总结：

——向您的领导推荐时间管理的观念，让他看到它对工作的益处，而不是对您个人舒适带来的好处。

——用您自己的榜样让下属确信时间管理的作用。

——强迫实施时间管理方法，但要稳步进行。

——及时落实软硬兼施（"红枣和棒子"）的办法。

——使用试验性方案。

211

———用游戏的方式对孩子进行时间管理教育，让他们对生活拥有积极的预见性态度。

10. "时间管理宣言"：从工具过渡到意识

"成功……成功是所有人都知道你吗？"

小维塔利问道，"我的姑姑亚历山德拉，

她是个艺术家，她说……"

"艺术并不相关，"老人打断了他，

"拥有一众追随者围绕着你，

这不是成功……成功，

是当你能够凭借自己的力量、用自己的意志

改变世界，哪怕一点点。"

——玛琳娜、谢尔盖·佳琴科《潘杰姆》

在俄罗斯及周边国家，越来越多的人开始思考自己与
"时间"的关系，试图寻找并阐释自己的人生价值。人们对
自我存在的理性认知不断提高，学着去思考生活，以便日
后不再留下"恼人的痛苦"。

暂且不提时间规划和任务管理的技巧，作为网站 Im-
provement.ru 的创始人、时间管理活动的发起人，或许我
们可以从更高的层面来谈一谈，即从时间管理意识方面。

"从更高的层面"并不意味着"不切实际"。正如我们
常说的"没有什么比一个优秀的理论更为实用"，而最为
实用的则是强大的意识。没有意识所支撑的技巧、没有深
度思考而进行的拔高都是没有生命力、毫无用处的。相
反，依托于强大意识的技巧则是战无不胜、所向披靡的。
因此，在最后一章节我们将总结时间管理在意识和观念层
面的"内核"。

技巧和意识

关于时间管理意识方面的探讨，我们从维克多·苏沃
洛夫《刑讯室》（*Victor Suvorov*）一书的片段开始。片段

是有关特种部队的训练方法：

"过了一个月，我们两人站在铁路大桥的栏杆边。大桥之下，是冰冷的湖水，闪着暗光，缓缓流动，拍打着桥墩，翻卷出漩涡又曲折地向前流去。我恢复理智，心里明白：有人踩着高压线都可以走过万丈深渊，一切不过是对心理的考验。我们只有相信没有什么更糟的事可以发生后，才会觉得一切都会慢慢步入正轨。"

杂技演员们耗费数年时间训练基本功，但这并不可取。他们没有掌握科学的方法，只关注了身体的训练，而忽视了心理层面。他们训练了一次又一次，却害怕提及失误，想尽办法回避它，但殊不知他可以欣赏他人的失误，甚至是自己的。只有那些无所畏惧的人，才能创造奇迹。

"只有傻子才说不能朝下看"——他呐喊道，"低头欣赏漩涡真是享受！"

"我凝视着深渊，它不再骇人，不再令我毛骨悚然。于是，我的掌心便不再直冒湿漉漉的冷汗。"

您可以使用"35种日程规划方法"和"28种自我激励方法"，并由此进阶到建构个人时间管理体系，最后，深深地折服于时间规划的基本原则并内心认同。这并不意

215

味着无视技术和方法，也不是用抽象的哲学来代替它们。相反，意识层面所赋予的正是用前所未有的自由和效率来掌握这些技术层面的东西。

时间管理的物质层面，即作为"有价值的目标"（"创造性人格发展理论"术语）的源头，曾向我们展示过它的意识层面，我们不止一次发现：这种意识层面时间管理的世界观对于人们而言，其重要性不亚于纯粹的技术层面。关于这点，本人在面向专业团体（培训师、经理人、咨询顾问等）的演讲中，以及面向普通大众的广播及电视访谈里都有提及。

根据本人的观察，我们的同胞们都像我一样，希望身边的人之中，少一些没有责任心、意志消极、随波逐流、怨天尤人之徒，多一些对自己、对生活负责的人。我们的"时间宣言"也正是面向这些关心自己及他人的尊严与生活、善于思考人生的人。

时间管理的事实

在网站 Improvement.ru 以及"时间管理俱乐部"的讨论中，常听人说："时间管理仅仅只是工具"。那么，时间管理的技巧好比是一套普通的螺丝刀，当出现时间不够用的问题时，就可以从箱子里掏出来用。但这仅仅只是上文例子中杂技演员的水平，停留在打磨技法的层面，而下一个层次，大师级别的应该像特种兵一样思考：不仅将时间管理视为工具，更是意识，是某种看待现实世界的“新视角”。

作为对比，我们可以举例东方武术，其所有的技巧都是某些思想观念的体现；再或者，苦行修道、宗教仪式也有精细繁杂的技法、程式、规则等物质内容，其教规、教义的翔实、复杂程度丝毫不亚于法典规范。然而，如果忽视内在的思想性内容，那么一切的技法便毫无意义，甚至毒害身心。

对于时间管理常有质疑，诸如：“压榨人、泯灭人性”“损害人际关系”“扼杀创造性”……恰好，我们事先说明了不理解思想内涵就麻木操练技法的坏处。用刀叉吃饭，可能弄伤自己，但这也不是我们用手吃饭的借口。我们需要做的是：学会合理使用工具，包括意识和方法论层面的。

在我们看来，时间管理意识的基础是简单的公理、事实：

——每个人的生命都只有一次。生命的轮回并不令人信服。在无神论者对现实的理解之中，生命的唯一性意味着不能留下“恼人的痛苦”，懊恼白白浪费的时间。而在宗教人士的永生观念里，往生的质量直接取决于尘世的生活方式（个人认为此版本更为可信），这要求我们更加认真、慎重地对待唯一的生命。

——时间是组成生命的物质基础。生命中的其他资源或消耗或累积，而时间只能是消耗品，并且它还是数量有限的，一生总计不过 20 万—40 万小时，在这个方面，我们没有人是"百万富翁"。

——时间以及花费时间的行为是不可逆的。已经完成的事情可以再三思考，有时甚至可以修正或追悔，但无法挽回已逝去的时间。时间的不可逆性直到 20 世纪在协同学①之中才被人理解。在哲学上，几千年来，时间这一话题也令人类最杰出的智慧代表们颇为振奋。

这些简单的事实，于我而言，并不能使我在谈及"时间"时保持平静。更有甚者，将"人与时间的关系"的方法论与某些"表现技巧""呈现方法"混为一谈，而他们在世界观层面是无法相比较的现实存在。

紧接着的话题是"时间安排"。其实，这一术语在描述时间管理技巧时更为准确。"时间管理"这一说法虽然方便，但事实并不如此，因为时间可以被安排，但却无法被操纵。正如我们可以通过移动、摆设物品来安排空间，

---

① 译者注：协同学是 20 世纪 70 年代初联邦德国理论物理学家赫尔曼·哈肯创立的，研究远离平衡态的开放系统在与外界有物质或能量交换的情况下，如何通过自己内部协同作用，自发地出现时间、空间和功能上的有序结构。

我们当然也可以通过对事物、行为的组织、排列来安排时间。我们之所以使用"时间管理"这一术语，是为了简洁明了，以示区别。在"时间安排"的术语之下，还需要考虑一系列人与时间的关系，比如：

效率：怎样又快又好地前进，又不至于筋疲力尽？

战略：前往何处？如何选择目标？

哲学：为什么要前进？怎样认知并升华自己的价值取向？

我们称这一循序渐进的过程为"时间管理阶梯"。人们对于时间管理的认知常常是从效率问题、技巧问题开始的，而经过一段时间，就会转向意识层面的哲学问题。

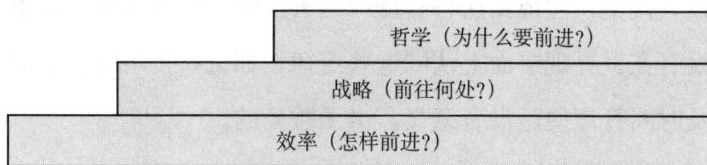

219

| 哲学（为什么要前进?） |
| 战略（前往何处?） |
| 效率（怎样前进?） |

相应地，我们将"时间管理"的物质层面划分为技术的、战略的、意识的（哲学的）三个层次。在我们看来，最为理想的时间管理状态，是这三个层次之间不断互动的过程，即价值取向影响战略布局与技巧选择，而技巧与战略上的现实情况为重新审视和调整价值取向提供物质基础。

时间管理的意识

时间管理的意识，即"时间管理"物质层面的第三个层次——哲学世界观的基本规则。这些规则基于前文章节的"时间管理事实"。

如果简而言之，本人将时间管理意识归结为："根据个人的价值目标与优先倾向，深思熟虑、理性合理地去使用一去不复返的时间"。其他的一切都将是水到渠成的，包括技巧及其适当、有效的运用。

如果详细地讲，那么还可以从其中提炼出一些基本规则，或者说是基本定律。这些定律或是被人接受，或是不被人接受，但都无法去验证或是去反驳。个人认为，如果没有在世界观层面上认同这些定律，那么在技巧层面上谈及时间管理便是没有意义、毫无益处的。

基本定律如下：

1.选择的自由。人是自由的个体。诚然，我们的行为取决于遗传、个人局限、可用资源等原始条件，也受制于外界和环境的影响，但无论是原始条件还是外界环境都无法百分之百地决定我们的人生，关键在于我们自己的选择和做出改变的意愿。在研讨会上常有人问道："我该如何制定目标……以我的薪资水平……在我的城市……在我们国家……”对此可以反问：“有多少伟大的政治家、企业家、科学家是在优渥的原始条件下诞生的呢？”选择的自由是内在的、意识之中的，根植在我们的世界图景里，能让我们去自在地行动、自由地改变世界。

如果一个人笃信自己是自由的，是可以改变世界的，那么这种世界观的价值原则也会反映在技巧层面：首先，他会大胆地制订“难以企及”的目标；其次，他会无视外界环境的作用，无论身边的人、社会、教育、宣传等的影响，都会按自己的方式生活，为它打上自己的烙印。

2.责任。人应该为自己的生命和花费的时间负责。信徒为上帝和自己负责，非信徒为自己或是他人负责（取决于基本价值观，可以是家庭、后代、全人类等）。有一些人仿佛寄生虫一般，没有思想、随波逐流，受外界环境的影响，丧失了改变生活的意愿，逃避对生命与时间的责任。

令人遗憾的是，在后苏联时代，这一病态现象尤为严重。为什么不对与自己切身相关的事情负责？可以想出多少名目繁多的理由啊！奴隶般对待自己生命的态度应该被彻底摒弃，在此过程中，“时间管理”是必不可少的手段。

3.发展。我们认为，发展的规律是客观普遍、和谐美好的，与宇宙的宏伟相得益彰。发展存在于不同的层次，有着不同的内涵。这也是不容置喙的定律，不管您接受或是不接受。生命的时间即是发展的过程、完善的过程、前

221

进的过程。这是我认为最有说服力、最为实际的世界观。

以上从"时间管理的事实"及"时间管理的意识"之中总结的全部规则，也是时间管理的伦理学基础。这些被奉为信条的规则还有待进一步阐释，如："不要攫取身边的人的时间"，因为浪费他人的时间违反了伦理信条"不害人"；再如，"不要被'时间小偷（游戏机、风月小说）'扰乱生活的和谐"。简而言之，"请记住，时间管理不仅是捍卫自己的时间，也是尊重他人的时间"。

至此，我们阐述了时间管理意识方面的定理，这是我们的理论及方法的基础。有意识地接纳、理解并运用这些原则，您才能在时间管理的物质层面向着"大师级"进阶。而时间管理意识，对于"人与世界的关系"而言又意味着什么呢？

时间管理病毒

开始研究时间管理时，我做的第一件事便是去网上看看，有没有关于这个话题的资料。当时是 2000 年，网上的相关内容非常少：一方面，西方人士不乐于在网上免费分享观点、看法；另一方面，俄罗斯本土还基本没有注意到这一话题。在最初找到的材料之中，有一篇阿列克谢·巴比（Alexei Babiy）的文章《时间计量，或是爱的

代数—Ⅲ》，它在很大程度上影响了我们之后的策略。据
我所知，这篇文章也是首次提及“时间管理可以改变人
的价值取向”。

　　这一改变机制如下：通常，起始于节约时间的技巧，
紧接着会遇到问题“我该在什么上面花时间？如何更合理
地花费时间？”于是，便开始思考实践活动的目标。如果
无法理解其目标所在，那么就无法理清做什么是更有效
的，做什么是低效的，在哪些方面值得花费时间，在哪些
方面不值得。此时，必须明确的就是目标，以及最主要
的——优先倾向。

　　然而，目标所在与优先倾向的相关问题又是和价值取
向密不可分的。如果不解决“于我而言，什么东西在原则
上更重要”，那就无法解决“什么对我更重要，这个还是
那个？”于是乎，通过时间管理的几个逻辑步骤，人们的
注意力便从安排时间转移到了世界观的问题上。在思考为
什么需要达成某些结果时，换言之，也就是在思考“为什
么活在这个世界上”。

　　这一“技术—战略—哲学”的层递顺序正是上文所提
及的“时间管理阶梯”。鉴于其非线性的、有特定规律的
发展方式，这种“得益于时间管理的发展”我们称为“时
间管理病毒”。该术语可以追溯到科学组织劳动生产的经
典著作，诗人阿列克谢·加斯捷夫（Alexei Gastev）曾写

223

道："福特和泰勒指导工人们开展工作，但并未创造出方法使他们染上'有计划地劳动'的病毒，迫使他们不断地发挥工作主动性。"

而现在却有这样的方法，即作为发展工具的"时间管理"。这在我的第一本专著《时间管理：从个人效率谈及公司发展》之中有所探讨。我们需要"时间管理"来作为社会发展的工具，这是我们时间管理宣言的步骤之一。

最为重要的是，我们提到的对个人目标、价值取向的关注，通常会使人变得更好，逐渐减少社会上的"寄生虫"，使有自由意志、对自己负责的人士不断增多，他们通过自己的选择和行动来影响外界的环境。正是得益于对自己、对行动、对时间的关注，对时间不可逆性和有限性的认知，人才能从根本上做出改变。中世纪的苦行者在数百年前就已发现了自我完善的机制，并向追随者推崇两条至简的原则来抑恶扬善："关注当下的自己""忘记逝去的记忆"（在时间管理的语境下，即指生命的有限性）。

如此，用斯特鲁加茨基兄弟的话讲，"时间管理"是形式各异的"自我进步"的工具。需要提醒您的是，进步者常试图影响落后者，通过各种科学、政治手段刺激其发展，但是不同于传播"时间管理病毒"，您无法将自己的价值取向强加给他人，您能做的只是帮助他们找到属于自己的价值核心，去耕种、去使它茁壮成长。于是，时间管理便解决了数百本书都没有说清楚的问题——"究竟什么是好，什么是坏"。

个人认为，时间管理的应用远远比提高效率、达成结果本身重要得多。当然，它们是令人愉悦的，但严格来讲都是虚无缥缈的。真正的幸福和生命的欢愉并不直接取决于物质结果。对我来说，感受到对人们价值取向、生活态度的改变，远比表格上平淡无奇的数字和曲线有趣得多。

综上所述，时间管理的意识层面：作为独一无二的工具，时间管理帮助人与世界在最为复杂的价值取向、世界观层面不断发展、完善。

这一方面是新颖别致又颇有乐趣的，也是解决人类历史上颇有争议的一些问题的有益尝试。在此领域还有许多宏大目标。总之，这是一个伟大美好、值得深耕的事业。有志之士，欢迎加入！

225

全民族的任务

萨尔蒂科夫·谢德林 ①（Saltykov-Shchedrin）的《庞巴杜尔先生和庞巴杜尔太太》一书中，有一位省长宣读法

---

① 译者注：萨尔蒂科夫·谢德林（1826 年 1 月 27 日—1889 年 5 月 10 日），俄国杰出的现实主义作家。

令时，强调：

　　"我一再察觉，我们的社会缺乏引领伟大人民从事伟大事业的主动精神……

　　"鉴于上述情况，我再一次也是最后一次提议采取果断措施（如不行动，诉诸刑罚），以振奋人心、团结大家开拓伟大事业……"

但遗憾的是，借助果断措施、严酷刑罚，并不能增强我们全民族的组织计划性、目的性和竞争力。彼得大帝也曾尝试过，但仅凭他的毅力和精力，许多事业在他去世后也就停滞不前了。我认为更为有效的方式是类似"时间管理病毒"的机制，通过不断宣传珍视时间的文化，给自己和他人传导效率思维。影响到每一个人的内在，这是一项庞大且艰巨的工作。但如果我们每一个同胞都有明确的目标和充沛的精力去实现它，那么全民族的整体效率将变得不可估量。

我们已有站在全民族的高度解决时间问题的经验，但这种经验是独一无二的。我并不清楚在其他国家是否有类似的案例。

"时间"联盟的创始人普拉东·米哈伊洛维奇·克尔任采夫（Platon Mikhailovich Kerzhentsev）在其一版再版的《为时间而斗争》一书中引用了一篇文章《花时间去造飞机》。该文是联盟

成立的奠基石，于 1923 年 7 月 18 日首次刊登在
《真理报》上，开篇是：

"有一次，在苏维埃代表大会上，我坐在美
国记者的旁边。与往常一样，原定于 11 点开始
的会议，直到下午 1 点还没有动静。美国记者问
我道：

'大厅里有多少人?'

'一千三百五十人。'

'他们之中有钳工、车工、制模工吗?'

'可能有吧，大厅里主要是各行各业的工
人们。'

只见美国记者翻开笔记本，边写边说：

'今天，我们浪费了 7000 个工时来等待会议
的开始，而如果用这些工时来造飞机，那么可以
造一架甚至是两架。'

'我们又等了半个飞机的时间，才终于开始
开会。'

确实，我们当时在某些大项目上有些落后，
比如，机队飞机的制造。不久，我们意识到了经
济疲软的毁灭性打击，于是便开始珍惜时间、分
秒必争。"

这篇文章成了广泛社会运动的催化剂。人们积极组织

227

"时间"联盟分支组织，撰写文章，号召合理利用时间。在各报刊上也陆续出现了《为时间而斗争》的部分章节。与此同时，"时间"联盟也对自己的成员提出了严苛的要求，比如，必须规划自己的时间，开会必须简短并且严格按照章程，小组成员甚至开发了详细方法来提高组织机构的效率，并以此成立分支机构……

然而，令人遗憾的是，与大多数致力于科学生产劳动的组织一样，"时间"联盟随着新经济政策的崩盘而解散。但是，联盟的现实经验表明：在国家和社会的层面上制定任务来争取时间，是可能的，也是必要的。在21世纪，这对于提高我们国家和民族在世界舞台上的效率和竞争力及促进共同发展是至关重要的。

改变世界的可能

当然，本文的大部分读者并不会成为时间管理培训师、咨询师来直接推广时间管理的技巧。您所宣传的对待时间的正确态度也无法直接、立刻为您带来物质奖励。

说到这儿，想起来一个关于加布罗沃人①的笑话。他

---

① 译者注：加布罗沃是保加利亚中部加布罗沃省首府，加布罗沃人以节俭和吝啬闻名于世。

们商量说用伏特加来酬谢老师，从每家院子各拿两桶。其中，贴着"酬谢"的桶里却装着清水。因为每个加布罗沃人都想的是：如果倒在一起，混有两桶水不会影响伏特加醇厚的口感。

您是否也在想：自己的"两桶"组织纪律性在"一罐子""一湖泊""一海洋"不负责任、玩忽职守的人之中显得微不足道呢？不，并非如此，它们的意义重大。不少作者，已为网站 Improvement.ru 工作五年有余（在这里向他们致敬），其文章阅读量已有成千上万。他们在每条温馨贴士上平均花费 2—3 小时，帮助上万名读者节约数万小时。在这 2—3 小时之内，他们创作贴士，仅仅两三篇文章就能节约 20 万—30 万小时，仿佛医生做手术治病救人一般，也在从事着光荣而神圣的事业。

您还记得本章节的题记吗？"成功，是当你能够凭借自己的力量、用自己的意志改变世界，哪怕只是一点点。"在后工业社会，改变世界变得更加容易，无须大量的原始资本、优越的初始条件，您需要的是：多一些"责任心"，关切身边所发生的一切的"责任心"；多一些不汲汲于生存的"自由意志"，根据自己的价值标准来改变世界的"自由意志"。

让我们联起手来，身边的人和生活才会变得更加自由、更有责任感、更有意义，甚至更加幸福快乐。正如上文提及的，进步理论的创始人斯特鲁加茨基所说的：

"……我无话可说，因为没有人曾教我如何说话；我也不会思考，因为这些混蛋也没有教会我思考。但如果本来的你是什么都知道、无所不能的……请振奋起来、头脑清醒！你可以看看我的灵魂，我知道，那里应该有你所需要的一切。因为我永远也不会出卖灵魂！它是我的，全人类的！你可以取走自己的一份，那也是我想要的，我也不可能想要不好的！……如果一切保持糟糕的原样，我也想不出其他的了，除了这句话：'幸福之于每一个人都是礼物，不应该让任何人感到被冒犯！'"

构建个人时间管理体系的第十步

根据个人的价值目标与优先倾向，理性合理地使用一去不复返的时间。

总结：

——请牢记，逝去的时间不可挽回，时间铸就生命。

——请相信，只要您有强烈意愿，就可以做成任何事情。

——您不是一颗"小螺丝"，再小的行动也能让世界变得更好。

——请向前走、向前发展，永远不要停下脚步。

——改变世界是可能的，现在就可以迈出第一步！

附录 1
建构个人时间管理体系的步骤小结

亲爱的读者，在本书最后我们再次以附录形式简要地罗列出高效时间管理的必要步骤。希望您能运用自如！

1. 休息 花费最少的"初始时间投资"，在工作日和非工作日安排合理休息。	——使每日休息有节奏。 ——保证休息场景转换最大化。 ——激发懒惰中的创造性。 ——提高睡眠的效率。 ——在工作日合理小憩。 ——把握当下。
2. 动机 掌握调整状态完成复杂、令人不悦的工作的方法，以缩减花费在此的时间。	——使用"锚"进入完成不同工作和休息的状态。 ——运用"瑞士奶酪"使头脑进入应有的状态。 ——每天至少吃掉一只"青蛙"。 ——把"大象"分成能让您接近目标的"肉排"。 ——给自己以奖励。 ——绘制带有奖励项目的每日任务表格。 ——尝试建立"踢"日历。
3. 目标 明确您个人的价值取向，为实现梦想设定长远目标。	——积极有预见性地管理自己的"个人团体"。 ——摆脱老套观念的束缚，描绘"未来生活的一天"。 ——用"回忆录"来确定您的价值取向。 ——用墓志铭的形式确立个人使命。 ——寻找您的责任所在。 ——找出您生活中的5—7个关键领域。

	——为接下来几年您要实现的关键领域中的长远目标制作图表。 ——把最接近、最明晰的目标具体量化。
4. 工作日 利用"硬性"任务与"灵活"任务的分类做好日程安排，以便能够制订实际可行的计划，完成最主要的任务。	——早上或者晚上抽出 10 分钟制作全天任务概览表。 ——在日程计划本里，使用不同的颜色、书签和便签制订计划。 ——使用"战略书签"（记录关键性的长远计划）。 ——在日程计划中区分"硬性""灵活"和"消耗型"任务。 ——在清单中找出 2—3 件优先任务，并以此开启工作日。 ——在计划"硬性"会面时预留下储备时间。 ——与客户和合作伙伴立下守时原则。 ——储备过剩信息，以备计划之外的不时之需。
5. 计划 遵循"日—周"原则进行具体的中期计划，确保能如期完成任务。	——时间是至关重要的，所以请把握住时机。 ——在日程表中留出"背景依赖型"区域。 ——使用计划板记录所有员工的任务。 ——采用"日—周"原则及时提醒需完成的中期任务。 ——运用概览表计划大型任务和常规琐碎任务。 ——使用数字指标预测大型任务的完成期限。
6. 优先级 学会抛开多余的、强加于您的工作，用明晰的评价标准筛选关键任务，如此，您便能为主要任务找出时间。	——扩充您"拒绝策略"的储备。 ——让周围的人学会坚决的拒绝。 ——利用"合理的冷漠态度"和"二颗钉子"。 ——"购买"时间，用职业服务替代您的个人工作。 ——委派任务，建立任务概览，进行积极的管理。 ——确定优先任务的标准，并使用它们。 ——把任务交给下属或同事时，清晰地写出您作决定时的标准模型。 ——权衡您的长期目标并专注于其中的优先任务。

233

7. 信息 采用过滤、保存、转移信息的技术方法，让信息处于您的管理之下，避免过分琐碎。	——用适当的节奏和方法来阅读商务书籍及严肃文学作品。 ——筛选、过滤从媒体中获得的垃圾信息。 ——在电子邮箱里设置自动过滤器。 ——将电子邮箱的文件夹作为"日—周"管理方法的工具来使用。 —— 利用限制性混乱的方法来整理文件，使之井然有序。 ——制作创意索引卡，使思想具体化、形式化。 ——根据人的注意力特点划分信息管理区域。 ——在您的办公桌上整理出标志区域、收件箱、发件箱、背景组文件盒和管理组文件盒。
8. 时间海绵 使用方法找出"时间海绵"，让身边的储备时间资源发挥作用。	——在两三个星期内进行连续的时间记录。 ——制订两到三个反映工作效率的数量指标，并且对它们进行动态追踪。 ——为在交通工具上的时间和出差时间计划好要做的事。 ——做好备份计划，以防技术性的不可抗因素。 ——运用技术方法组织会议。 ——利用各种"时间残渣""磨斧头"。
9. 时间管理病毒 把"时间管理病毒"传染给其他人，让他们更加理智地利用自己和他人的时间。	——向您的领导推荐时间管理的观念，让他看到它对工作的益处，而不是对您个人舒适带来的好处。 ——用您自己的榜样让下属确信时间管理的作用。 ——强迫实施时间管理方法，但要稳步进行。 ——及时落实软硬兼施（"红枣和棒子"）的办法。 ——使用试验性方案。 ——用游戏的方式对孩子进行时间管理教育，让他们对生活拥有积极的预见性态度。

续表

10.时间管理宣言 根据个人的价值目标与优先倾向，理性合理地使用一去不复返的时间。	——请牢记，逝去的时间不可挽回，时间铸就生命。 ——请相信，只要您有强烈意愿，就可以做成任何事情。 ——您不是一颗"小螺丝"，再小的行动也能让世界变得更好。 ——请向前走、向前发展，永远不要停下脚步。 ——改变世界是可能的，现在就可以迈出第一步！

附录2　张弛有度的日程安排

关于工作日的计划安排，我们已在第4、5章中作过探讨。这一话题，在理解上是颇为容易的，但是在实践操作上，又是最为复杂的。我们将以案例为基础，详细分析日程计划的方法。您还记得以下这些要点吗？

在页面空白处（通常是日程计划本的网格右侧空白区域）列出完整的"灵活"任务（即没有明确时间的任务）清单；

在其中，用红色标出2—3件优先任务，并从这些任务着手开始完成"灵活"任务；

在日程计划本的网格之中安排有明确时间的"硬性"任务；

对于需要占用大量时间资源的优先任务，做好时间预算；

穿插在"硬性"任务之中，即可完成标红的优先"灵活"任务。

日程安排如下所示：

09		提醒 ×× 关于 ×× 的事！
10	会议	**准备演示！　2 小时**
11		搜集模具数据
12		**撰写 A 方案报告！　1.5 小时**
13		午餐
14		向供货商索要信息
15	演示	
16		
17		
18		
19		

"生活中的一天"

　　欢迎来到俄罗斯某中层管理者的工作场所。早上 9 点，刚开始上班，他便遇到问题：

　　今天是忙碌的一天……

　　才一大早，就感觉时间完全不够用了。

　　卡捷琳娜跑到跟前，攒了一堆今天需要寄给客户的文件等着签字。

　　主要供应商拖延交货，需要亲自去一趟，弄清楚原因。

　　项目 A 没有任何指示，一周了还没有开始。瓦辛和伊万诺夫拖拖拉拉，得开会找出问题。这至少要一个小时，甚至更多时间！

237

一定不能忘记给总部打个电话，快要月度报告了。

一个月后，展会上要用的产品，还没有人汇报准备情况！这是什么意思？好吧，这意味着……

今天还想去游泳馆游一下泳。

不，怕是不行。

还有接连不断的电话，让人分神，无法集中注意力！当然，所有事情都很重要，但是我也没有三头六臂啊！

我是哪一天需要做演示来着？？？今天！可还需要再准备准备。对了，要确认一下去哪里做。

桌上还有没修改的方案，要拿给客户支持部，但还得先修改一下。方案放在哪里来着？在桌上，真是有点乱……

"嗯？好的，好的，半小时后到……"

唉，领导还喊着去看地毯。怎么办呢？①

这样的场景熟悉吗？大部分俄罗斯管理人员都正处在这样的混乱之中。或许有人会好奇，在培训中也有参与者

---

① 此案例作者为玛丽娅·沙罗娃。写此案例时，她任职"时间管理"公司远程培训计划协调员。

提问:"这是多么可怕啊,多像我们现实生活中的一天啊,但是,任务是否可以从今天挪到其他几天呢?"在小组讨论,帮助这位经理制定好日程安排后,发现:"原来,并非所有的事情都迫在眉睫,它们都是可以完成的!"

"灵活"任务清单

开始规划日程时,让我们创建一个结果导向型清单,罗列出一天中需要解决的所有任务。此时,无须考虑什么是必须的,什么是不必的,什么是可以放在一起的(比如,邀请供应商来共进午饭)。最开始,只需要全面、清晰地了解所有面临的任务,接下来,再去考虑优先级和规划问题。

1. 签署文件

2. 解决与供应商的问题

3. 启动项目 A

4. 向总部了解报告的评价标准

5. 了解展会情况

6. 去游泳馆

7. 准备演示

8. 进行演示

9. 明确演示的场地

10. 向领导报告工作

239

11. 修改并发送方案

12. 整理办公桌

13. 让卡捷琳娜筛选来电

14. 午餐

15. 制订明日计划

注意：有一些任务可以分为几个项目来进行，尤其当其中部分内容有本质区别时，比如：

——"演示"之"进行演示"。这是"硬性"任务，严格按准确时间去安排日程。

——"演示"之"准备演示"。这是需要预留时间资源、做好时间预算的任务，没有准确的完成时间。

——"演示"之"明确场地和时间"。确认型任务，5分钟即可完成（或是，可以委托给秘书），需要在早上制订日程时立即完成。

如果任务内容在规划方式上没有本质区别（例如：修改方案，让卡捷琳娜寄出），那么就无须将其分为几个项目。

另外，我在清单里还列出了案例中没有直接提及的任务，如："让卡捷琳娜筛选来电"，即过滤掉一些非紧急来电，先记下来。之后，可以在方便的时候，诸如在去做演示的路上再回电。同样被列出的还有"午餐"和"制订明日计划"，这一类显而易见的任务极容易被遗忘，因此将它们列在日程里显得格外重要。

优先次序

在本书第 4 章"清单中的优先任务"一节中，我们区别了两类优先任务：刻不容缓型任务（切实重要的）、确认型／可委派型任务。我们清单中的任务相应地可以标记为：

1. 签署文件　　　　　　　　　　刻不容缓型

2. 解决与供应商的问题　　　　　刻不容缓型

3. 启动项目 A　　　　　　　　　确认型／可委派型

4. 向总部了解报告的评价标准　　确认型

5. 了解展会情况　　　　　　　　确认型／可委派型

6. 去游泳馆

7. 准备演示　　　　　　　　　　刻不容缓型

8. 进行演示　　　　　　　　　　刻不容缓型

9. 明确演示的场地　　　　　　　确认型／可委派型

10. 向领导报告工作　　　　　　　刻不容缓型

11. 修改并发送方案

12. 整理办公桌

13. 让卡捷琳娜筛选来电　　　　　可委派型

14. 午餐

15. 制订明日计划

"签署文件"：未必会花很多时间，却能深刻影响与客

户的交互过程。因此，标记为刻不容缓型任务。

"解决与供应商的问题"：显然，关键商业流程中出现了"漏洞"，需要即刻了解情况。

解决主要供货商的问题是刻不容缓的任务吗？不同公司对这一问题有着不同看法。一次公开研讨会上，连锁加油站业主（"供应商，对我们来说，就是国王、上帝，油一断供，生意就黄了"）和制药公司总经理（"是我们向供应商付款，而不是他们给我们付钱"）展开了争辩。自然，在不同的经营领域相似任务的优先级别可能是完全不同的。

在"俄罗斯统一电力"股份有限公司的培训上，有过一个案例。学员说："我们邀请供货商过来，是他们缠着我们，而不是我们在求他们。"我反问道："在案例中，可清楚地写着'需要亲自去一趟，弄清楚原因'。这也就意味着，对于案例中的经理而言，拖延交货是一个现实问题。您在研讨案例时，并不是基于客观现实、案例中的情况，而是根据自己的主观习惯、刻板印象。这也是我们掌握不好时间规划的原因——选择性认知，不跳脱出原有的习惯模式。"学员们若有所思。

"准备演示"是紧急、迫切的任务（假设演示确实很重要，且不允许改期）。"明确场地和时间"是确认型任务，必须早上就完成（影响全天的日程安排）。

"启动项目 A"：如果瓦辛和伊万诺夫并不知情，那我们为什么要花 1 小时来开会呢？如果问题可以用简单的方式来解决，请不要急于同意开会。这显然是一项确认型／可委派型的任务，可以先让卡捷琳娜来收集关于该项目的问题列表（不仅可包含问题，也可有回答情况），接下来再决定是否有必要开会，还是电话沟通就已足矣。展会也是类似的情况，先要弄清楚状况，再去考虑如何激励执行者。

"向总部了解报告的评价标准"：既然这是月度报告，弄清楚它的评价标准未必会花费很多时间，因此也可以标记为确认型任务（也可能是可委派型的，比如："卡捷琳娜，请向维多利亚了解一下，报告主线是怎样的"）。另外，在回复领导"半小时后到"时，最好能确认一下：谈话是关于什么的、大概要多久。如果您忘记问了，或是没有问出所以然，那么可以打电话给老板的秘书了解情况，或是让卡捷琳娜去这样做。

在任务清单里使用标记来区别任务，是经济实用的。现实中，"绝密""特急"这一类标记因过度使用而贬值。因此，刻不容缓型任务至多可以标记 20%—30%。

规划时间预算

一大早，在我们完成了所有确认型任务（如：去哪里做演示，和供应商约定碰面等）之后，我们需要准备：

1. 安排"硬性"会面，如："去找领导""去做演示""去找供应商"等。建议：如果可以将"去做演示"和"去找供应商"衔接到一起，安排在午后，那么便可以不再回办公室了。

2. 针对刻不容缓型任务做好预算，尤其是那些需要大量时间资源的，比如："准备演示""午餐"。"灵活"任务清单中的其他任务并不需要提前做好预算，因为它们并非必须在今日之内完成的（"项目""展会"），又或者并不占用许多时间的（"签署文件"）。

9	确认型 / 可委派型任务		签署文件
	向领导汇报工作		启动项目 A
10			弄清展会情况
			修改并发送方案
11	准备演示	1 小时	整理办公桌
			~~向总部了解报告的评价标准~~
12			~~明确演示的场地~~
			~~让卡捷琳娜筛选来电~~
13	午餐	45 分钟	制订明日计划
14			
15	进行演示		
16	回电（路上）		

续表

17	解决与供应商的问题	
18	制订明日计划	
	游泳 2 小时	
19		

　　这就是最终的日程安排。左侧是"硬性"任务和有时间预算的任务。我们将有时间预算的任务放在时间格里，但并没有像"硬性"任务一样，划出明确的时间节点。当然，也可以将有时间预算的任务放在右侧，放在"灵活"任务清单之中，在其旁边标明所需要的时间。

　　右侧是"灵活"任务，其中，已完成的确认型任务已删去，粗体表示唯一的优先任务——"签署文件"。我们并没有删去"项目 A"和"展览"（尽管已经将任务交代给了卡捷琳娜），因为在一天的时间之中，我们还是需要了解下属搜集信息的情况。或许在搜集到的信息基础之上，我们就能召开会议并为手下指明方向。

　　培训中常有的一个典型问题是："能否制定一个轻松的日程安排，让经理有半天闲暇？"然而，各小组在进行案例分析时，常常把尽可能多的任务囊括进"硬性"任务之中。在大多数人看来，这是"正确的"。但是，您难道不会有疑问："现实中真的可以如此安排吗？"事实证明，这并不行。因为周围环境的变化，"硬性"任务完成的可

245

能性并不确定。这也就意味着，我们无法规划一切，只能抓住当下的、身边的，只能洞悉形势、顺其自然。

我们所探讨的案例之中的日程安排是最优方案，其中的任务安排可以用时间刻度来标记，尤其是"硬性"任务和有时间预算的任务，而"灵活"任务则打破了时间刻度的壁垒。我们在完成"硬性"任务和有时间预算的任务之后，可以按照优先次序来完成"灵活"任务。随着一天中新任务、新信息的出现，我们不必绞尽脑汁来调整"硬性"任务（至多修正1—2项），只需要将这些任务罗列至"灵活"任务清单中，再考虑一下它们的优先次序。

总结一下：

无须在工作日埋头苦干，也无须一鼓作气完成所有任务。务必花上5—10分钟制订日程安排。规划日程时，应对需要完成的全部任务了然于心。

请根据任务的性质来做标记（"硬性""灵活"有时间预算的），不可混为一谈，都用明确的时间刻度标记。

日程安排中的任务间距越大、空闲时间储备越多，则任务完成的可行性越高，日程安排的调整越轻松。

附录 3
语音备忘——您的移动秘书

管理人员的工作是冗杂的事务、大量的项目、纷乱的想法、烦琐的联系……在信息流中必须把握方向，无一遗漏。然而，并非每个人都配有秘书来处理这些日常事务。

语音备忘是可以代替秘书工作的、最简单的管理工具。大多数人已经拥有了它，或是在电脑里，或是在手机里。但是，很少有人能百分之百地利用它。

语音备忘可以让我们有效利用零碎时间，如：等待时间、驾车时间（尤其是堵车时间）、散步时间、锻炼时间等，可以把当下的想法、需要完成的任务都记录下来，从而解放头脑，让它去思考更高层面的战略战术问题。

"领导什么都不会忘"

记录想法、督促完成——这是语音备忘最为有益的用法。正如企业家、苏联时期的厂长所言："我非常羡慕今天的你们。在我工作时，录音机还是非常短缺的，走在工厂里、走在设计局里，与人交谈时，会产生非常多的想法，本想记录下来，但事务缠身很是困难。"

我们建议用以下形式来记录想法，督促完成任务：

——在录音设备中创建文件夹"每日监督"和"每周监督"。我所使用的录音笔 Olympus DM-1 最多可创建三个文件夹，在三者之间切换也很方便，只需点击 Play 旁边的按钮。第三个文件夹可以用来记录没有硬性完成时间的想法。

——记录想法和任务时，请选择合适的文件夹。与手机或是电脑内置的录音机相比，独立录音笔的最大优势在于符合人体工学设计、方便操作和便捷切换文件夹。

——请定期整理文件夹，完成任务或是监督任务完成情况。"每日监督"文件夹建议每日听一次并做清理，"每周监督"则一周一次，"想法"则可以在创作热情高涨时再做整理。

至于文件夹的结构，请选择自己方便的形式。或是区分开私人的与工作上的想法和任务，或者按优先次序排列。无论如何，您保证不会因为记忆力的局限而在琐碎中迷失就行。这样一来，很快在同事之间就会口口相传："领导什么都不会忘！"

如果您不是听觉导向型的人，不是主要依靠听觉来获取信息，那么很有可能，语音备忘的功能于您而言并不全都适用。例如，对我个人而言，用录音设备记录想法并不方便，续写句子时，我习惯看到上文再进行创作，因此，只能写在纸上或者记录在便携电脑里。然而，借助语音备忘来处理琐事、解放自我，在我看来，还是有效的，可以脱离于个人的接受类型。

音乐和有声读物

有人曾说，时间管理就是详细计划的教条主义，是枯燥乏味的过时之物，事实是这样吗？

您个人的时间管理体系应当是令人愉悦的。因此，您也可以将录音设备用作 MP3 播放器。即便是标准内存的播放器，存储 1—2 小时的音乐也是绰绰有余的，如果再插入一张 512M 的内存卡，那么几个小时也不在话下。

录音设备的音频功能还可以用来听 MP3 格式的电子书，这些文件或是收费的，或是免费的，很容易在网上可以找到。不久前，我就在一个其貌不扬的书报亭里买了一张精美的光盘《普希金故事集》，还有配套的歌剧。可以说，MP3 这类的录音设备是一个不错的选择，可以用来储存心爱的书籍打发闲暇的时光。更不用说，关于管理和个人提升的电子资源，也是越来越丰富了。

与电脑的链接

数码录音设备还有一个好处是：在使用 Windows2000

及以后的操作系统链接 USB 接口时，无须额外的软件程序，就像存储着文件的光盘一样，文件可以重命名、可以按文件夹排列、可以作为 Outlook 的附件……尤其方便的是，使用 Outlook 时，只用写下任务或者想法的标题，需要时再去听录音的全部细节。

录音设备在保存文件时是标准名称。我在实际操作中也不会花费时间来重新命名文件，只有记录值得注意、利益相关的事项时才会调整。客户的项目、研讨会及其他活动我都会保存在相应的文件夹里。在有需要时，可以按日期搜索文件，或是使用 Outlook 任务中的快捷方式，大致看起来是这样的：

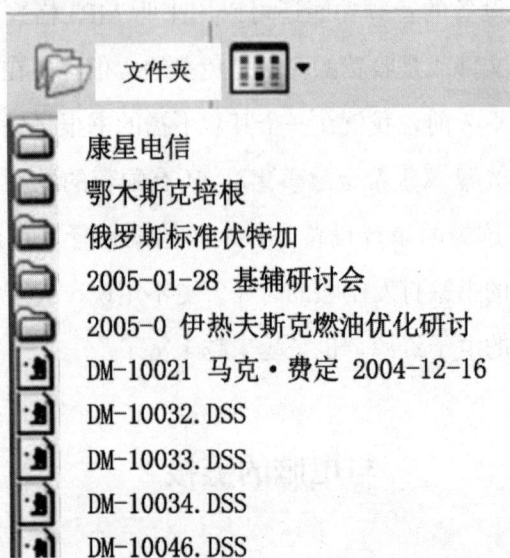

文件夹

康星电信
鄂木斯克培根
俄罗斯标准伏特加
2005-01-28 基辅研讨会
2005-0 伊热夫斯克燃油优化研讨
DM-10021 马克·费定 2004-12-16
DM-10032.DSS
DM-10033.DSS
DM-10034.DSS
DM-10046.DSS

DSS（Digital Speech Standard）文件格式的压缩程度要高于 MP3，同时也保留了良好的语音质量。一张 64M 的内存卡就可以储存 22 小时的录音。这样一来，即便是一整天的培训（约合 20M）也完全可以切割成 4—5 个文件来用邮件发送，更不用说记录任务和想法的小文件了，转发起来十分轻松。当然，如果有需要，也可以将 DSS 格式转换成 MP3 格式。

遗憾的是，我不太了解优质的俄语语音识别软件。据我所知，有英语语音识别软件，但我本人还未曾有机会尝试。

团队合作

考虑到音频文件便于转发，这是团队协作，尤其是远程办公的绝佳工具。假设您将一项复杂的任务口头交代给下属，有 90％ 的可能性他在执行时南辕北辙，全部写在纸上又会浪费大量的时间。而如果把任务，包括对任务的解释说明都用录音记录下来，那么下属在完成时则可以从头到尾再仔细听一听。这一生动的方式较之枯燥的书面指示更容易唤醒记忆。

此外，将活动片段，如研讨会、会议、谈判等，用录音形式记录并转发给相关同事也是颇为方便的。只不过，

251

千万不可以背着公司私下偷偷记录。除了道德层面的问题，您还得想想，音、视频监控设备也不昂贵，大多数雇主都是购置过的。

如果用录音记录谈判全程有困难（经常如此），那么可以试试以下的简单方法。在谈判结束后，再拿出录音设备来总结达成的共识或决议，这就不受谈判过程的拘束了，还能准确、清晰地记录下所有的谈判结果。

任务监督

在与高层管理人员打交道时，我们建议可以使用以下方式来监督任务的完成：

——针对总经理的语音备忘。在开会中，或是傍晚在车里（秘书下班之后）记录需要监督的任务。

——针对秘书的 Excel 或者 Outlook 任务管理。秘书可以将语音备忘、经理转发邮件之中的任务导出来。

秘书只需要做一个简单的 Excel 表格，包含"每日""每周""每月"表单，来分别监督任务的完成过程。任务的完成情况，比如"准备演示"这一类的，就可以由秘书来处理。至于有节点的长周期任务（如客户项目，先要过目合同等），则需要将完成情况报告给总经理。此外，总经理也可以要求秘书安排与任务执行者之间沟通的频次，比方说"三天一次"。在使用 Outlook 监管任务完成时，还可以按特征自动分组，以所需的方式呈现给总经理，如：按项目、按执行者、按周期等。

采用此方法，效率通常每天可提高约 1—1.5 小时。即便您没有秘书，也不妨可以试试。动态监督任务的完成情况，使下属们心悦诚服。

技术层面：如何选择？

鉴于上文提到的原因，记录语音备忘的录音设备还是应该选择数码的，可以将存储的文件拷贝到电脑、作为 Outlook 任务的附件使用邮箱转发等。是购买单独的录音笔，还是使用智能手机、便携电脑里的录音软件呢？让我们来对比一下两者的优缺点。

	优　势	劣　势
独立 录音笔	更高录音质量（尤其是会议模式，最后一排的提问都可以听得一清二楚） 方便额外用作 MP3 播放器、USB 储存器 更便捷的操作（掏出来按下按钮就可以录音了）	在口袋或公文包中需要额外保护 额外担心电池和充电问题

续表

	优 势	劣 势
智能手机或电脑中的录音软件	常可以将录音添加到附件，与 Outlook 相应部分关联	较差的交互体验，没有直接的"Record"录音键，需要深入界面底层 处理录音时更为复杂，复制到电脑上需要更多操作 来电时录音中断的不便

　　我个人虽然使用着最先进的智能手机，但仍坚持使用独立的录音笔。首先，考虑其符合人体工学的设计和操作的易用性，创建新录音时一键完成。录音笔最适合在有限条件下记录脑海中转瞬即逝的想法（否则想法就忘了）。

　　智能手机中录音设备的最大优势在于：可以在公共场合方便使用，对着手机自言自语。追溯 10—15 年前，头戴耳机连着播放器就能吸引周围所有的目光，而现在早已不是这样的了，人们已经习惯头戴闪烁着蓝光的蓝牙耳机的"火星人"了。我想，再过几年，走路或者在公交上碰到带着个人电子助手的人也不会大惊小怪的。

　　本章结尾我们再看一个小例子。某次和一位总经理拟定个人管理方案，曾谈到录音笔和它的用处。当提到便携电脑时，总经理叫来了 IT 主管，说道："我准备换笔记本电脑，请准备一下现有的电脑清单及采购计划，给我订一个大屏幕的。"我顺势从桌上拿起了录音笔，按下"Record"键，说道："尤利娅，麻烦督促一下谢尔盖本周之内做出所有的笔记本电脑清单"，说完按下了播放键。

总经理十分欣喜，尽管半小时前我们才详细地探讨过录音笔，但"百闻不如一见"更有说服力。了解录音笔是远远不够的，最重要的是付诸实践，您不妨现在就试一试！

附录4　时间管理的公司标准

近年来，"时间是稍纵即逝的不可再生资源"这一观点在俄罗斯商业界已然成为公理。这一资源能够也需要进行系统地管理。然而，在公司整体条件下推行时间管理并非易事，因为整体的效率取决于许多人的努力。

个人时间管理的技巧已有开发，供有意提高个人效率的人士使用。经典的时间管理教材事实上未曾提过如何将时间管理技巧嵌套进公司管理体系，个人的时间管理如何与管理的其他方面相协调。

因此，时间管理方面的培训是必须的、有益的一个步骤，但未曾得到充分的认识。运用培训中学来的技巧常常也仅限于参与者自身。但是，员工是否能按时完成任务、分配最优时间完成优先任务、合理处理工作负担，难道仅仅只是他自己的事情吗？

时间管理标准的结构

为使个人的时间管理技巧成为提高公司效率的工具，

有必要将其纳入正式或非正式的公司标准体系之中。

可以考虑以下几个基本层面：

——术语，规划和组织活动的概念体系；

——团队约定和公司内部"业务惯例"，未成形的非正式活动组织规则；

——规章，成形的正式活动组织规则；

——工具，规则的形式体现，使正当行为成为唯一可能，而无须特别研究书面规章。

```
┌─────────────────────┐
│        工具          │
│  ┌───────────────────────┐
│  │  规章          约定    │
└──┴───────────────────────┘
   ┌──────────────────────────┐
   │          术语             │
   └──────────────────────────┘
```

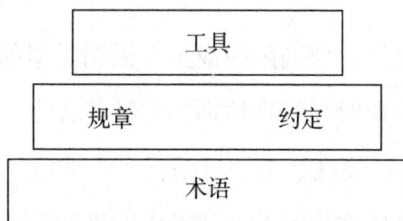

公司时间管理标准结构

257

标准术语

您是否经常听到：同事们用"尽快"来回答"什么时候能好？"时是否能提供真实信息，以便您做好个人规划？

其实，并没有一个行家会用通俗易懂的大白话来和同事沟通工作。他们一定有自己的语言、词汇、短语、句式，在专业问题上理解彼此而不产生歧义。而管理，作为独立方向，经过半个多世纪的发展，即使在一个公司内部，也仍然没有明确、清晰的专业语言。

例如，"紧急任务"就有好几个意思：

——有特定的完成期限；

——不可拖延，必须尽快着手落实；

——事实上已过期，是"昨天需要的"。

因此，我们说"紧急任务"并不会为执行者提供任何有益信息；"最好在 3 月 5 日前完成，迫切需要在 3 月 7 日 15：00 前完成"，则传达出工作中可以使用的具体信息。

理想情况下，应当阐明或至少说明类似的概念。在这个意义上，企业时间管理培训的关键任务之一就是开发通用语言：什么是硬性任务、灵活任务，时间、机会，结果导向、任务具体化等？对上述概念的理解是通过培训建立的，是发展公司时间管理文化的基础。

规章和团队约定

术语标准化的下一步就是制定规则，包括公司规章制度中的规定，以及非正式的团队约定。

对于规章和约定，我们区分如下：约定——尊重彼此时间的"礼节性规则"；规章——制裁措施保证强制执行的约定。两者都可以是书面或是口头形式，当然书面形式为佳。

以下是培训中形成的某些公司的约定示例：

"紧急事件用电话沟通，其他的用邮件"；

"自己能处理的事情竭尽所能；不要带着问题来，而是带着方案来"；

"发送邮件时，务必注明邮件主题和重要性"；

"打扰同事之前，写下所有问题，在方便时一次性全部提出"；

"迟到是不好的，但是如果真的要迟到，请提前告知"；

"请提前准备工作交流会，把想法都写在纸上"；

"如果提出批评，请提供解决方案。不接受没有解决方案的批评意见"。

这些约定可以口口相传，也可以用书面形式呈现，如清单、海报等。通过实际载体强化尊重时间的文化，培训中就可在员工中着手培养。

259

只要附加不履行约定的制裁措施，任何约定都可以转变成规章。例如，在培训中规定："收到没有'主题'的邮件有权删除，不去阅读，由发件人来承担责任"，"在与会迟到人员面前摆放'刹车'标志，迟到人员与此标志一起参与会议全程"。制裁措施有不同级别的严厉程度，从嬉笑戏谑到物质金钱处罚等都可以考虑。

体现标准的工具

对于标准、规则、规章的理解，先要仔细阅读，然后才能运用，但是运用效果也不是总能令人满意。最为理想的公司标准不是写在纸面上的，而是通过具体的工具来体现，它的存在就能"行之有效，令行禁止"。

最简单有趣的例子是某银行会议室中的水晶花瓶。它本身没有写明任何规定，但大家都心知肚明：开会迟到的人应自觉投入 500 卢布，作为公司文化活动的资金。

另一个复杂点的例子。某次研讨会上，从事国际教育合作项目的非商业组织的员工们，规范了与政府机构的有效团队合作方式。他们决定在显眼的位置挂一大幅图纸，每个计划去委员会或机关部门办事的人员，贴上相应的便签告知其他同事。同事们如果有需要，也可以再贴便签，拜托一些顺便的事情，如："麻烦告知伊万诺夫，隔壁部门传话……""请从彼特罗夫那里帮我拿一些文件"等。这样一来，可以大大节省路上的时间，也有效地将新规则引入团队工作之中，而无须制定正式的规章制度。

如果公司的运营已经足够电子化，那么在相关软件中使用现成的文本、表格模板是极为有效的。例如，在 Outlook 中可以设置用户任务表，包含必要字段。表格本身也能提醒经理，在给下属安排任务时必须指明哪些参数。（参考：以下的图表是俄罗斯统一动力公司分支机构为管理订立合同而开发的。）

安排合同协商任务的表单（经理填写）

经理在安排任务时（或下属在完成任务时），可以清楚地列出必要的操作而无一遗漏。试比较：如果公司管理依托庞大复杂的 ERP（企业资源计划）、CRM（客户关系管理）系统，那么团队的时间管理则可以用 Outlook 设置来实现小型自动化，巩固时间管理的标准。如此，公司时间管理的标准就涵盖了公司管理和信息管理系统中未涉及的问题。

结束本节关于公司的标准，值得一提的是：正如古罗马人所说，最好的法律就是对既定习俗的记录；同理，最佳的标准也就是人们在日常生活中发现、实践并成形的方式方法。正是这些标准才最为简洁、高效。

261

合同协商任务完成情况报告（执行人填写）

标准示例：日程规划

公司时间管理标准化最好从最简单、最易实施的部分
开始，如：工作日的规划（日志或 Outlook）。第 4 章中"张
弛有度"的日程安排在不少公司都被视为标准。

　　下文也有相关标准的示例，除安排本身外，还包含有激励性措施和基本原则。标准的实施可以依托各种活动。例如，有一家公司在培训之后的一个月计划检查日志，三本最佳日志的所有者奖励调休。

日程的规划标准

1. 公司员工的时间安排，不仅仅只是他自己的事情。
2. 您的组织纪律性是您对同事和客户尊重的体现。
3. 您的守时，是评价您业务素质的可靠标志。
4. 准时参会、按时回电、在规定时间内完成任务——这是有文化、有涵养的人的标志。

日志的规划原则

1. "好记性不如烂笔头。"所有的会面、任务、联系安排务必以书面形式具体记录。
2. "笔头潦草，脑袋糊涂。"记录时笔记清晰、端正，可用不同颜色标记。如果使用条件图示，务必在日志首页罗列说明。
3. "联系方式是商业通货。"切勿随意在撕下的纸片上记录联系信息，可以在日志中开辟单独部分。请写明完整的联系人信息，包括：姓名、公司、职位、工作电话、手机号码、邮箱地址等。

每日规划的节奏

1. 在时间格里标出"硬性"会面（已知晓明确时间安排的）。安排会面时，预留处理突发事件的时间。
2. 制订"灵活"任务清单（没有明确完成时间的）使用结果导向型的表述，例如：不要用"电话联系伊万诺夫"，而是"等到订单""获取到信息"这一类的。
3. 用显眼的颜色标记需要优先完成的任务，即对完成其他任务意义重大的（如"了解今日演示的时间""布置准备演示材料的任务"）、令人不悦长期拖延的、服务关键战略目标的。

续表

每日规划的节奏
4. 为大量"灵活"任务预留时间或是标记出大致需要的完成时间，或是标记在全天安排中。提醒：规划和预算时间超过整个工作日的 60%—70% 是不现实的。
5. 按时划去已经完成的当日任务，未完成的做好标记，并腾挪至第二天的日程规划。

　　一天之中，随时检查日程规划，并根据情况变化进行调整。日程规划不是一成不变的法律规定，而是因时制宜的手段，是实现目标的工具。

后 记

——"你们没有钱是什么原因？钱不够花？"

——"我们还是有钱的，就是没有脑子。"

——《酸奶村的冬天》

当每个人都制订目标

在撰写本书时，全球排名第一的搜索引擎公司 Google 市值约为 800 亿美元，与俄罗斯最大的石油公司旗鼓相当。公司的创始人之中也有我们曾经的同胞。其实，为了创造具有如此市值的公司，并不一定需要石油、钻石、木材，需要的只是灵活的大脑、坚定的决心和为目标全力以赴的意愿。

我们的国家拥有巨大的发展潜力，我们有丰富的自然资源，广袤的土地，悠久的传统，卓越的科学、文化、工业成就。我们民族有创造力、想象力，总能在危机与绝境中化险为夷。我们俄罗斯是世界十大经济体之一，也是有能力发射航天器、建造核动力装置的少数国家之一。然而，与 19 世纪帝国鼎盛时期相比，现在的我们在世界政治经济体系中的位置，仍有很大的进步空间。

在我看来，想要真正地发挥我们国家的优势和长处，缺少这三样东西：宏大的目标、勤奋劳作的意愿和组织纪律性。

以战后的日本为例。当时的日本只有崩溃的工业体系、被击垮的民族自豪感、匮乏的自然资源，他们的处境要比现在的我们艰难得多。而这个伟大民族的崛起，需要归功于伟大的人物，诸如：索尼公司的创始人井深大（Masaru Ibuka）和盛田昭夫（Akio Morita）等。1952 年，在他们创建小公司鼓弄电饭锅时，就定下了目标："30 年之内，要让日本制造成为全球最高品质的代表"。这一雄心勃勃的目标最终得以实现。

制定目标对我们而言是最容易的，因为我们是一个善于创作、敢于梦想的民族。接下去，便是艰苦的劳作阶段。大多数伟大人物的传记读起来都是平淡无奇的，类似："我们决定在那里挖一个坑，那里还没有人挖过坑。我们埋头挖了许久，周围的人都嘲笑我们。突然，铲子还坏了，很难修复，但我们还是修好了。然而，不久却发现，我们挖错了地方，甚至手上的茧子都磨出了血，可是我们连买膏药的钱都没有赚到。不管怎样，我们继续挖下去。"确实，事实也是如此，成功往往没有奇迹、没有幻想。相比坐等生活变好的某些人，成功更加倾向勤奋劳作的那一类人。

只要有目标，有宏大的目标，我们也是可以劳作的。最为困难的还是规划安排、合理地安排行动。简而言之，也就是自律。没有它，目标与劳作分文不值。

"2003 年 10 月 1 日 12 点整，全体厄瓜多尔人民一起完成了一件之前想都不敢想的创举：

267

所有人在同一时间校准了钟表时间。于是乎便开始了一场'反对有罪不罚运动'，即反对不守时的全民运动。其目的在于，与厄瓜多尔人民闻名于世界的不守时作斗争。这场运动的代表人物是奥运奖牌得主、竞走名将杰斐逊·佩雷斯（Jefferson Perez），他曾多次在宣传海报上呼吁同胞们：'每天都要给自己灌输尊重、责任、纪律意识'。甚至，以不守时著称的总统卢西奥·古铁雷斯（Lucio Gutierrez）也郑重承诺，与民众一起参与这项运动。究其原因，守时可以带动经济增长。根据厄瓜多尔国内研究，由于长期拖延，国家每年损失 25 亿美元。这一数字对于 GDP 仅有 240 亿美元的国家来说，并非九牛一毛……"①

再举一个例子，有关日本"经济奇迹"的缔造者、世界最成功企业家之一——松下幸之助。他的职业生涯起始于杂货铺帮手，他无权无势，没有接受过良好的教育，能力平平、天资一般。但是，他工作任劳任怨、不屈不挠，即便

---

① 此段文字作者为娜塔莉娅·索罗金娜，见《商业日报》2004 年 5 月 14 日。

在 1945 年公司业务被当局几乎摧毁，也并未被打倒。他善于制订宏大目标，又不仅限于个人私利，还创办学校为国家培养新一代管理者。他所关注的规划、管理方法，领先当时实践水平数十年。他常常提醒学生："什么都可以做到，人的潜能是无限的，没有不能解决的问题。"

人自己决定命运。从这个意义上讲，21 世纪是残酷的，因为"附加值"转移到了信息领域，而在这一领域，不需要任何原始资本，所以个人或是国家无法再为自己的失败找借口。无须优越的初始条件、丰富的自然资源等，即可攀登高峰。需要的仅仅是，明确自己的目标，并有组织有计划性地去艰苦奋斗。

众多政客、学者、公知正在寻觅俄罗斯的发展良方。个人认为，再强大的战略制定机构也无法开出这样的方子。民族观念、竞争战略都无法"从天而降"。无论是民族观念，还是对全球劳动分工地位的认知，抑或具有竞争力的产品与公司，其中的王者都是自己发展、自我成就的。只有一个简单的条件：每个人都能制订目标，并去实现它。暂且不提能力之外的国际事务，让我们在力所能及的范围内迈出自己的一步。

我相信，当每个人都学会制订目标，并能实现目标时，我们将战无不胜。

269

我的时间管理之路

培训学员常常问道："您是如何将时间管理融入生活的？对时间管理的兴趣来自何处？在实际中您个人使用哪些时间管理工具？"

自中学起我就开始使用管理时间的工具了。我的兴趣广泛，总想着牢记一切、兼顾所有。第一个使用的工具就是放在口袋中的普通学校练习册，我会在其中随意地记录下所有的事项，如："将贝多芬磁带还给瓦夏；去信息中心询问如何安装 Norton Commander（诺顿指挥官，文件管理器）"。第二个使用的工具是评估概览表。借助该表可以直观地把握优先事项，并集中精力去处理。得益于这一积极主动的学习方式，我在不牺牲休息、运动、娱乐时间的情况下，取得了金牌和优秀毕业生证书。

大学里，我读了丹尼尔·格拉宁《这奇怪的生活》一书，深受亚历山大·柳比谢夫例子的鼓舞，开始尝试时间统计。得益于用 Excel 来统计时间，挖掘出许多时间资源，使得我在兼顾圣彼得堡国立大学应用数学系颇有难度的课程外，还完成了英语培训、驾考培训、导游培训等课程。

在银行工作时，我对时间管理表现出了职业兴趣。对柳比谢夫时间统计的痴迷偶然地揭示了它对工作有益的本质。颇为有意思的是，我与银行董事会主席的谈话恰好是2月2日，我生日的当天，自此开启了我作为时间管理咨询顾问的职业生涯。

在银行为同事们第一次提供时间管理诊断、进行培训实践时，我意识到，这些技巧在俄罗斯是必不可少的，而我的同胞们却还对此知之甚少。之后，我创建了网站Improvement.ru，并基于此成立了时间管理协会，接下来，时间管理俱乐部、2003年首届时间管理大会、出版物、电视采访等应运而生，借此我们成功地吸引了专业团体对于时间管理的兴趣、对其之于我们国家迫切性的关注。

时间管理协会已经成为俄罗斯时间管理话题的"中心"，新思想、新方法的诞生地。其中的不少方法我用在了自己的实践之中，如：依托Outlook进行的中短期背景依赖型、张弛有度的日程安排；智能手机也增强了我个人时间管理的便捷性，其中的日历、任务都与Outlook同步；我也积极使用休息与自我激励、有所侧重、制订日标并细化目标等方法。

借助这些工具，我成功地兼顾了咨询公司董事的繁忙日程与社交活动、出版创作、会议演讲、电视访谈等。与此同时，每天至少还有一小时阅读文学作品、游泳锻炼、8小时睡眠，也总能找到时间放松休息、亲近自然、享受

271

音乐、结识有意思的朋友。

现如今，看着时间管理协会在此期间取得的成绩，看着俄罗斯国内对时间管理日渐增长的兴趣，我深知，我们所使用的时间管理工具如何帮我们做成了这些，我也深深地感谢为国内外时间管理学派奠定基础的前辈们。没有前人的努力，我们就没有"一次生命两种人生"的体验，就无法与固执任性但善良感恩、不负努力的自然力量——"时间"找到共同语言。

责任编辑：郭　倩

责任校对：杜凤侠

封面设计：肖　辉

版式设计：彭小艳

图书在版编目（CIP）数据

时间管理：让时间去哪儿（第二版）/（俄罗斯）哥蓝布·阿翰思奇

（Gleb Arhangelsky）著；林森，许永健 译 . — 2 版 . — 北京：

人民出版社，2023.2

ISBN 978 － 7 － 01 － 023798 － 5

I.①时…　II.①哥…②林…③许…　III.①时间 – 管理　IV.① C935

中国版本图书馆 CIP 数据核字（2021）第 198976 号

Published with permission of Mann, Ivanov and Ferber.

时间管理：让时间去哪儿（第二版）

SHIJIAN GUANLI RANG SHIJIAN QU NAER DI'ERBAN

［俄］哥蓝布·阿翰思奇（Gleb Arhangelsky）　著

林 森　许永健　译

人民出版社 出版发行

（100706　北京市东城区隆福寺街 99 号）

北京新华印刷有限公司印刷　新华书店经销

2023 年 2 月第 2 版　2023 年 2 月北京第 1 次印刷

开本：880 毫米 ×1230 毫米 1/32　印张：9

字数：174 千字

ISBN 978 － 7 － 01 － 023798 － 5　定价：39.70 元

邮购地址 100706　北京市东城区隆福寺街 99 号

人民东方图书销售中心　电话（010）65250042　65289539